麦肯锡
高效工作法
商务人士必须知道的75个方法

〔日〕山梨广一 —— 著　赵海涛 —— 译

マッキンゼーで25年にわたって
膨大な仕事をしてわかった
いい努力

SPM 南方出版传媒　广东人民出版社
·广州·

图书在版编目（CIP）数据

麦肯锡高效工作法 ／（日）山梨广一著；赵海涛译 . — 广州：广东人民出版社，2018.5
ISBN 978-7-218-12644-9

Ⅰ．①麦… Ⅱ．①山… ②赵… Ⅲ．①工作方法－通俗读物 Ⅳ．① B026-49

中国版本图书馆 CIP 数据核字（2018）第 043264 号

广东省版权著作权合同登记号：图字：19-2017-174
McKINSEY DE 25 NEN NI WATATTE BODAI NA SHIGOTO WO SHITE WAKATTA II DORYOKU
by HIROKAZU YAMANASHI
Copyright © 2016 HIROKAZU YAMANASHI
Simplified Chinese translation copyright © 2017 by Beijing Shi Zu Niao Culture Communication Co., Ltd.
All rights reserved.
Original Japanese language edition published by Diamond, Inc.
Simplified Chinese translation rights arranged with Diamond, Inc.
through BARDON-CHINESE MEDIA AGENCY.

Maikenxi Gaoxiao Gongzuofa
麦肯锡高效工作法
〔日〕山梨广一 著　　赵海涛 译　　　☑ 版权所有　翻印必究
出 版 人：肖风华

策划编辑：詹继梅
责任编辑：马妮璐
责任技编：周　杰　易志华
封面设计：刘红刚

出版发行：广东人民出版社
地　　址：广州市大沙头四马路 10 号（邮政编码：510102）
电　　话：（020）83798714（总编室）
传　　真：（020）83780199
网　　址：http://www.gdpph.com
印　　刷：三河市荣展印务有限公司
开　　本：787mm×1092mm　1/16
印　　张：14.5　　字　　数：180 千
版　　次：2018 年 5 月第 1 版　2018 年 5 月第 1 次印刷
定　　价：52.00 元

如发现印装质量问题，影响阅读，请与出版社（020－83795749）联系调换。
售书热线：（020）83795240

◆ 第一章 ◆
掌握分析问题的方法，有效改变努力的质量

第二章

建立有效的问题解决机制，催生正确的思考方法

前　言

你 所 付 出 的 是
"正 确 的 努 力" 还
是 "错 误 的 努 力"

　　人类做事付出的努力，可以分为"正确的努力"和"错误的努力"。

　　本书认为，只有先搞清楚上述问题，才能让大家更好地理解本书的主旨。

　　一般而言，我们都认为：只要付出了努力，一切就是好的。

　　当然了，做任何事情，比起不付出些许努力而言，还是付出努力的好。不论是日常工作，还是学校学习，抑或是培训进修，一定程度上的努力是不可或缺的。尽管如此，还是会出现这样一种情况：在我们单纯意识到"只要付出了努力，一切就是好的"的时候，我们就在不自觉地忽略事情中的某些要点。问题的核心并不在于我们付出的体力和花费的时间，而正在于我们努力的质量。

一旦我们没有注意自己付出的努力的质量，没想到付出的是"正确的努力"还是"错误的努力"的时候，我们就会犯如下各种各样的错误。

　　"完成任务的时候，不干到最后一刻，那是不够努力！"

　　"哪怕多争取一个小时，哪怕是多一分钟，一定会干出更出色的工作。皓首穷经才是最棒的。"

　　估计读者中的很多人也是这么认为的吧！

　　但是，就在我担任很多企业的经营顾问期间，我目睹了很多优秀的商务人士被这样的陈旧想法局限，长时间从事着生产效率低下的工作。在这种情形下，只有改变构思和视角，才能让工作的质量发生质的变化。

　　有的时候，人们也知道自己的做法非常可笑，但在工作现场就跟着了魔一样，那些明显不合理的思考方式，十分出人意料地左右着人们的思维，从而影响了人们的工作质量。

　　话说回来，那么什么是"正确的努力"？什么又是"不正确的努力"，也就是我们前面提到的"错误的努力"呢？

　　只有厘清这一点，才能顺理成章地搞清楚怎么做才能提高我们努力的质量。这也正是本书的主旨。

　　在相同的时间和劳动量之下，我们最好能够将所有的工作都转换为"正确的努力"。

　　然而，"正确的努力"并不是唾手可得的。经常会出现这样的情形，当我们不能够持续提高工作行为的质量的时候，我们就会返回之前的怪圈——例如"总之我不能浪费时间呀""反正我豁出去啦"之类的。

我们一定要摒弃那种无意识地浪费时间的"错误的努力"，最大限度地将时间和自己的能力发挥到工作中去。

要做到这一点，首先我们就要搞清楚什么是"正确的努力"。

那么，什么才是"正确的努力"呢？我对此进行了整理，可从如下七个方面来看：

①与"成果"相联系

三年时间当中，栉风沐雨般地培育苹果树，手被磨出了厚厚的老茧，但是一个苹果都没收获到。这就不是"正确的努力"。

"正确的努力"就是付出的努力能结出硕果，也就是有所产出。既然要栽植苹果树，那么树上结出的苹果就是"正确的努力"。

给苹果树浇水是十分重要的。于是乎一天浇十次水，最后导致果树都腐烂了，这还怎么称得上是"正确的努力"呢？这还不如什么都不要做呢！再进一步说，即便是结出了几个苹果来，但是与前期花费的时间和劳力比较，这也是一种"错误的努力"。

②目标明确

成果就是结出来的果实，当然不会立竿见影，马上就会有收获。

那么是不是不论干什么都要和"成果"联系在一起呢？那么对于其他方面100%都一无所知就不难理解了。如果在对事物不甚了解的情况下准备开始努力，最重要的还是首先要弄清楚自己的工作目标，并将之明确。换句话说，就是要先确定什么是你自己要达到的工作目标。

总之，"正确的努力"是需要目标明确的。在做一件事情之前，我们首先要想清楚："我是为了什么要进行接下来的努力呢？"

在商业运营当中，很多时候长期的目标和短期的目标还被交叉运用。但是，急功近利是人的天性，很多人往往会落入"只顾眼前利益""杀鸡取卵"之类的窠臼。因此，如果不了解工作目标的重要程度的话，很多情况下的努力就会变成只追求短期目标的短视行为。

人类一旦失去了长远的目标，被短期目标所裹挟的话，最终只能做"错误的努力"。即便是有着"要生产出全日本首屈一指的苹果"的长远目标，却企图在短期内就获得效益，于是乎大量地抛撒化肥料，导致土壤日趋贫瘠，那么，结果还是与远大的目标背道而驰。因此，误解了目标的努力也是"错误的努力"。

③切实认识到"时间轴"的重要性

还有一种情况，是目标清晰但是不在乎"工作时限"，这时的努力也是毫无意义的。

你的目标是"五年后要成为全县[1]第一的农户"，或者"明年，我要让果树结出一百个苹果来"的时候，要付出的努力也是不同的。根据不同的时间轴而进行有区别的努力，这才是"正确的努力"。

④生产效率高

那些"的确做出了一些成果，但是付出了超乎平常的大量的时间与劳力"的努力，也根本算不上是"正确的努力"。如果要取得相同的劳动成果，最理想的状态是花费的时间和成本越少越好。只有那些花费了更少的时间和更少的劳动量而撷取的劳动成果，才称得上是"正确的努力"。

当然，在这里我并非要推崇那些所谓的"功利主义"的价值观。工作效率和生产效率表面上类似，其实是两个不同的概念。生产成果相同的情况下，如果将工作效率等同于生产效率（"工作效率＝生产效率"）的话，那花费了思考和创造力的工作就意味着对效率过度追求。结果容易导致的是：成果的质量大打折扣，生产效率也会大大降低。

1　日本实行分县制，县的行政规划等同于中国的省。

⑤伴随着充实感

"正确的努力"进行正酣之际，人们很少感受到沮丧或者挫折。反言之，在进行了"错误的努力"的情况下，即便付出努力也是事倍功半，为了应付那些根本不重要的障碍而花费了过多能量，就很容易导致进展停滞，甚至还会退回到起步的阶段。某种程度上，即便是那些精力充沛的人也会产生消极的情绪。

"正确的努力"就是要减免那些多余的事务。不能一直被那些不重要的事务牵制，从而陷入"到什么山上唱什么歌"的被动状态。

"现在工作的感觉真棒啊！"

"我对工作的兴趣越来越浓厚了！"

像这样，即便是暂时处于看不到劳动成果的阶段，也会有昂扬的斗志和充实感。"正确的努力"就是让人越工作干劲越足。这也是"正确的努力"的优点。

⑥成功模式的启发

当"正确的努力"贯彻下去，人们自然而然地就会明白："要得到好的结果，只要实施这样的模式就足矣。"

我们拿打棒球为例。尽管能否做到安全打存在各种未知数，而且难以预测，但是教练会教给我们："绷直肩关节去击球，完成安全打的比例会更高。"我们知道这一信息之后，不断练习，等上场打球的时候安全打的比例确实会提高。我们如果进一步得知"弯下腰去击球则实现安全打的比率会更高"这一成功模式的话，那安全打的成功比率则会进一步提高。

不断地施行"正确的努力"，通过各种积累，我们就会不断领悟到更多的成功模式。然后我们的"正确的努力"就会越做越好。除了通过个体的经验积累，在做得好的其他人处学习、模仿，从而获得更多的成功模式，这也是非常有必要的。

⑦共同成长

虽然说生产效率提高、产出效果变得更好，通常被认为是非常理想的"正确的努力"，但是我们不能忽略的是，在"正确的努力"之后，还有一个副产物会应运而生——"成长"。

人们朝着明确的目标努力，意识到时间的紧迫，进行着提高生产效率的"正确的努力"，与此同时，我们周边的事物、环境也在发生变化、不断成长。做出"正确的努力"的人们，有的时候一边摸着石头过河，一边探索成功模式，而周边的环境也随着人们的工作发生改变。人们在变化了的环境中工作的话，就能收获更多高效率的成果。

那些计划一年时间里要收获五万个苹果的人，采用这种模式进一步实践"正确的努力"，那么紧接着的一年中收获七万个苹果也不是没有可能的。

如上，从七个方面定义了何为"正确的努力"，当大家充分了解到我说的这些，我们就可以进入本课题的讨论了。

我在麦肯锡公司有着二十五年之久的企业经营顾问的行业经历，最近二十年则多以企业合作伙伴的身份，给各种各样的企业、公司提供运营管理的咨询。

随后我去了永旺（イオン Aeon）集团，负责该集团的横向联合运营课题的选取、推进与之相对应的解决方案的策划与实施等一系列事务。毋庸置疑，不论是哪一个课题，靠我一个人都是无法完成的。周围同事和领导们的支持与协作、我的团队的齐心协力，每一个环节都是不可缺少的。另外，与经营领导层的默契，也是非常重要的因素。

本书是基于我自己二十多年的从业经验而写就。以我自己经历的所有失败和成长、前辈和同事们的表率、对后进的提携以及从工作中遇到的优秀的经营者那里学到的经验为基础，我自己的信念如何发芽生根和从中孕育出来的对各种问题的思考，都将在本书中悉数谈到。

我坚信：在所有的集体当中，任何作为个体的"正确的努力"与作为团队的"正确的努力"，都势必会催生出难以估量的巨大价值。

如果说创造出成果是我们的工作目标，那么与创造成果毫无关联的资料的大量制造和事无巨细的各种会议，就显得于事无益，是在浪费时间。公司内部的各种繁杂手续、来自顶头上司的不理解，那些与

"最终目标"毫无关联的时间与精力的巨大消耗，都属于"错误的努力"的范畴。

如果只是为了个人或者公司的自我满足，而不是要让顾客满意，那么所有的努力都是白搭。如果没有成果出现，公司的股东自然会大发雷霆。公司职员的充实感和成长更是无从谈起。

那么，能够让每一个员工尽显其能，进而让公司整体尽展个性地进行"表演秀"，这种"正确的努力"何乐而不为呢？

员工们被迫做着毫无效果的无用功，那些优秀人才的工作热情也会大受影响："为什么我们要做这些费力不讨好的事情呢？"最终让企业陷入功能不全的恶劣处境。这正是本书要讲的"错误的努力"。

对于以上的问题，我在本书中将谈谈我的个人看法。

第一章 掌握分析问题的方法，有效改变努力的质量

推 进 工 作 步 入 "正 确 流 程" 的 规 则

1. 打破习惯的壁垒：
经常从现状中谋求变化

错误的努力 = 经常的否定

"山梨女士也经常从否定的角度看问题哦！"

这是我进入麦肯锡履职的第三年，要么是第四年发生的事情了。我当时还是负责该企业消费资料相关工作的咨询师，有一位私交很好的前辈曾经对我讲过上述的话。我对前辈的话认真地进行了思考，在我的另外一本书《充满挑衅的思考》[1]（日本东洋经济新报社出版）中对此有提及，感兴趣的读者可以找来一读。

在这里我并未打算做任何辩驳，因为这也不是我一个人的疑问。在随后的时间里，甚至是我做咨询师工作的时候，我也遇到过形形色色的先从否定角度介入问题的工作者。尤其是大企业管理部门中的高层人士，像这种类型的人还是非常多的。

举个例子，有一份全新的提案由从公司分部的工厂送到公司总部的管理层手中。接下来——"这个问题嘛，难道单凭这种做法就能让一切问题迎刃而解吗？"

---

1 对应的英文是 provocative thinking。

于是，本公司管理层的第一反应就是质疑，紧接着就给出以过往数据和案例为根据的各种"不能成立的理由"。

会导致上述局面，通常有三方面的原因：

第一个是"自上而来的观点"。

管理层面对一个提案要做出判断的时候，虽然毫无恶意，但是神不知鬼不觉地就会变得居高临下。这是因为长时间在同一公司的同一部门工作，管理层通常就是用这样的角度来思考问题的，这种自上而下的观念和视野的偏窄，会导致这样的后果就不足为奇了。

接下来的表决中，管理层就会发表这样的看法："我们公司一直就是这样过来的。""这样的问题，怎么会在我们公司出现呢？"

第二个是"道听途说并自以为是"。

管理层通常非常清楚公司之前出现的各种案例和过去的各种数据，也知悉各种各样的试错（try and error）结果，因此面对这样的问题，自然能讲出一堆"你这个提案根本行不通"的理由。只是不知道从什么时候开始，他们的思维变得僵化，甚至自以为是地觉得自己早已知晓这个提案的结果了。

最后，第三个是最严重的一种，那就是"减分主义"。

在现场营业中，管理层对"这个商品卖了多少价格"了如指掌。在工厂生产中，管理层对"生产效率再提高百分之多少就可以""这样做就能节省数千万日元的生产成本"很熟悉，并将这些悉数用数据表现出来。在产品开发过程中，管理层抱着"就开发这样的产品"的念头来投入工作。

然而，不管是好也罢，不好也罢，在公司中，往往只会通过各种直观的数据来衡量企业的成效。

以这样的工作状态，招致不断的失败的案例，也是很令人触目惊心的。

十项工作中，有九项都进展顺利，只是看不到努力的成效在哪里。然而当其中失败的那个成为被关注的问题时，风险意识就会引起经营者的足够重视，这也是非常必要的。

于是乎，很多人面对一项全新的工作，首先就想到罗列各种"不能完成的理由"，并将这些深深植入思考。伴随着个人习惯，让这种思考方式日常化，并植根于个人的工作方式中。

为什么之前提案的形势如此严峻呢？它又会产生什么样的风险呢？这个提案为什么最终会无疾而终呢？……击退各种尝试的想法，总是层出不穷。

确实如此，我们什么尝试也不做，就不会出现任何负面结果。或许还会有人辩驳："我们击退那些会招致负面效应的提案，让负数不出现，这本身就是一种正面效应。"但是，我们不能忽略的是，零始终是零。这么说或许显得过于草率，但是单纯只从否定来判断问题，工作的生产效率则永远都是零。

不论什么行业，也不论任何个体，在成为行业精英和专家的过程中，每个人患上"否定介入病"的比率是不断攀升的。尤其是那些极其优秀又兢兢业业的人，他们的病征远比其他人严重。

预防"否定介入病"的最好对策，就是要时刻记住"所有的努力都是为了更好的成果"。

我们不能因为努力会有负面效应，就因噎废食或停滞不前。

或许我们在某些方面做了负面的努力，这也正是商业运营中的规则（rule）。"所有的努力结果是零，那不是亏损了吗？"这样的思维模式，并不适合那些企图浑水摸鱼的人。

除此之外，对公司而言，要经常让那些优秀的人才在企业的企划部门担任固定职务。要防止"否定介入病"的产生，还应该考虑不要让这些优秀人才在同一个部门长时间工作（轮岗）。

思考和我们的肌肉是一样的，一直重复相同的工作，就会陷入一种常态。

对于专业棒球手而言，击球的时候，擅长左边击球的人，勉强能够右边击球。但是到了棒球联赛的赛季，就要先站到对方的击球员位置（batter's box），训练挥杆来予以矫正。

那些商业人士通常会有意识地去挑战全新的工作内容，参与不同的工程项目。这样就使得他们身上的行业习惯变得更具有弹性。

最重要的是，这样会减少他们工作的谬误。

毋庸置疑，经常做"不一样的工作"，势必会导致各种麻烦。一旦这种尝试让人觉得"总是做新的挑战真是麻烦透顶""总是超出我的知识能力之外，让人疲惫"的话，不论是对于个人还是集体，这种成长至此就要戛然而止了。

世事无常，我们的顾客和竞争对手也在时刻发生着变化。当周围都在寻求变化的时候，我们却还在原地踏步、墨守成规的话，结果肯定是只剩下我们被变化遗忘。简而言之，停止成长并不意味着我们能保持现状，而是表明我们在麻痹大意中朝着负面效应的深渊跌落。

2. 打破习惯的壁垒：
将"环境 × 意志 × 性格"最大化

错误的努力 = 满足于既有环境的努力

对于所有的事物而言，事先准备（set up），对于周围的环境和不同阶段的规划是非常重要的。对于"正确的努力"而言，亦是如此。

于是乎，我们就能得到这样一个公式："正确的努力的事先准备 = 环境 × 意志 × 性格"。

首先是环境的准备。也就是说与"正确的努力"相应的，就是要有意识地建设一个让大家都能够进行高质量努力的理想的工作环境。

但是实际上，只要你不是大股东，或者不是一个人说了算的大领导（one-man leader），那么你所主张的"正确的努力"，想让所有人都认可的话，那可不是件容易的事情。

很多人都信奉"不管做什么事情，首先要投入时间"这一规则。而且很多企业老总的人生经验，也是应该守在公司里持续工作。

对此，从属下的立场来看，显然算不上高明见解，只是"这种做法就是单纯的时间车轮战"而已。属下对此根本不理解，即便是提出异议也得不到上司的理解，很多时候甚至会导致相反的结果。

因此，事先准备还得有赖于大家自身的意志。

在环境水准较好的情况下，假设即便只能达到"1"的程度，如果抱有"我想做与成果相关的正确的努力"这样的想法，不论是完成"1"还是能超额完成"5"，这种"正确的努力"的效用能发挥到什么程度，获得的结果自然大不相同。

除此之外，去努力的意志很强烈，但是个体的性格能否与团队契合？在遭到其他人反对的情况下，是不是能将努力的强烈意志坚持到底呢？这两点也会影响努力的最终结果。

举个例子，有这样一个公式：环境 1 × 意志 2 × 性格 5 ＝事先准备 10。

当环境是"5"，在非常理想的状态下，也会出现"环境 5 × 意志 1 × 性格 1"这样的情况。

在这里，最重要的是"聊胜于无（better than nothing）"的精神。做了"正确的努力"的事先准备，"1"肯定优于"0"的结果，而"2"也肯定优于"1"的结果。在"环境"的状态最恶劣的情况下，如果能自主激发出善于协作的"性格"的话，那就能凭借个体的"意志"来发挥效用了。

当然，这也不是意味着"1"和"2"都是一成不变的，比起"1"来，"2"未必就绝对更好。可以说，像上述这样改换观念，亦是事先做准备的一大重要因素。

3. 打破习惯的壁垒：
从"时间＝努力"的错觉中悬崖勒马

错误的努力＝错以为"加班＝努力"地狂热工作

要准备做"正确的努力"，就需要改变时间的分配方法。

完成工作的方法有很多，我们需要重新审视一下这点。我们是否有一个错觉，认为"时间＝努力"呢？

当然，现今已经有很多人不再这么认为了。我刚去麦肯锡工作的时候，在麦肯锡日本公司的办公室里，我经常会看到长时间加班的情形。长时间加班变得日常化，使麦肯锡在欧美的同行们十分惊讶："这些日本人为什么都要通宵达旦地加班呢？"

在日本长时间工作的理由各式各样。比如说：业务人员起早贪黑地拼命工作，是日本经济高速成长期生活方式的残留习惯。抑或者是受到这样一种生活环境的影响，即上下班时花在路上的时间，员工觉得"即便是早早回家，也没办法拿出时间尽情地享受私人生活，倒不如把时间花在工作上"。

对于这些，在麦肯锡的时候，我和昔日的同事们进行了热烈的讨论，归纳出当时的日本人在办公室长时间工作的两个主要原因。

第一，"在不知道日本企业会怎么（how）做时，自己如果擅离职守的话，就无法做出决策，这样会导致大量的工作无法及时完成，因此企业的顾问和咨询师们也不得不延长工作时间"。

第二，"时间的限制与掣肘"。在当时，花费大量的资金去聘请运营顾问，对于大部分的日本企业而言都是天方夜谭。当然了，很多顾问都牺牲了自己的休息时间，与企业并肩战斗。对此，很多咨询师如果不拿出大量的时间来工作（例如"通宵达旦地工作""将自己的时间完全用在工作上"）的话，就无法获得雇佣者的信赖。

上述前者由于企业经营模式的差异性，也不能一概而论地全盘否定。后者认为"长时间工作很重要"的意识，则自此深深植根于日本企业。这是一种不好的工作习惯。

在现在，加班本身就是毫无价值的，这样的价值观已然深入人心。但是在日本的企业中，"时间＝努力"这种错误的工作观念依然令人惊讶地根深蒂固。

在此，我要奉劝那些在彻夜准备资料或者加班之后，直起双臂伸个懒腰，自认为"我用功了，心无遗憾"的人，请一定扪心自问：我现在是不是还处在"时间＝努力"的错觉当中呢？

4. 打破习惯的壁垒:
工作超出自己的能力也要硬撑着

错误的努力 = 总之要坚持到最后一刻

妨碍"正确的努力"的壁垒,并不是那么容易就能被打破的。但是,对于我们个体而言,摒弃那些"错误的努力"的方法却很多。那么,我们就应该从自己力所能及的范围内,为"正确的努力"做好准备。

最便捷省事的就是花费大量时间。在我的麦肯锡时代,很多前辈口传心授的,我又手把手教给后来人的建议正是——坐得住板凳。一切让屁股来决定。

"不管你做什么工作,你一定要到 20:00 再下班回家!"

"要做的事情哪怕是堆成山,周六、周日也千万不要去工作!"

首先让时间来决定你的工作,进而开展日常工作。

到了时间,即便是工作没有完成,也要把它原封不动地留在原处。

将正做着的工作扔在一边下班,我估计大家都会心有不安吧!周六、周日我们在外面尽情地玩耍的时候,我们一定也会想到:"哎呀,我的那件事还扔在那里没做呢!"但是我们还是会斩钉截铁地用时间来决定是否继续工作。对此,其实最重要的是我们应该认真地思考:

"在有限的时间内，怎么样才能将手头的工作及时完成？"

尽管我们也知道，最好让员工提高工作效率，但是我们就是无法改变已有的工作方法。虽然公司也有一些听上去非常高端大气上档次的口号标语——"完成工作就可以早点下班"，但是徒有其名，这一点在现实中很难实施。这是因为，与改变工作方法相比，花费时间去工作则更为容易。

我们可以举个例子。例如，刚从外地驾车兜风回来，高速公路上却出现了较为严重的交通堵塞。在这样交通不畅的情况下，即便是在不熟悉的地方，通过使用导航和地图，也有可能找到脱身的路线，这和公司员工的早点回家是一样的道理。比起像这样通过不断搜索和不断思考找寻到最好的脱身路线，在高速公路上原地待命，蜗牛式地挪动着车子自然是最轻松的，当然也是最花费时间的。

但是，如果我们对这一状况进行合理制约的话，我们付出的"正确的努力"就不仅仅停留在口头上，而会成为时代的"必然"。

如果不把"总归要先回家"作为目的，而是把"还剩几个小时才能回家"作为目标的话，我们就不得不思考什么才是达到目标的捷径。只有有了这样的制约，我们才会展现出要做出"正确的努力"的全新面貌。

5. 打破习惯的壁垒：
认为"加班＝机会损失"

错误的努力＝经常要求所有的细节都要达到 100 分

有不少"时间至上主义者"奉行"每天只做自己能做的事情"。我还是麦肯锡的新员工的时候，在与前辈们的见面会（OB）上，有人就径直告诫我们，说："减少睡眠的时间，加班到深夜，休息日也要马不停蹄地加班，只有这样才会有好的业绩，一定要把你的时间利用到极致！"

在新进员工的培训会上，那位前辈用充满夸张的语气训诫我们。乍一听，我和我的同事们都觉得他真是过度夸张。我们甚至公然发表我们不同的见解："那只是你的一面之词吧？对我们而言，用那样的工作方法，把我们做其他事情的宝贵时间无端牺牲掉，我们也错失了其他的宝贵机会。用长远的眼光来看，这么没日没夜地工作，对于我们个人的职业发展也好，对于接下来的工作也好，都是错误的努力！"

我说这句话时的情绪和认识，迄今也没有发生改变。对于单纯的一件事情，要一味地花费大量的时间，那我怎么拿出时间去做别的事情呢？对于其他的事务，我无端损失了更多的机会。当我们要去做某件事情，理所当然地，我们就没有更多的精力去做别的事情，从而导致错失良机。我们每个人一天都有二十四个小时，不会少一分，也不会多一秒。因此我们一定不要忘记，我发表上述的观点是完全符合道理的。

——一个月后，我要参与重要提案的企划书，每天通宵达旦地加班，要去分析尽可能多的数据信息，要事无巨细地探讨每一个可能出现的环节。

——在一个月期间内的检查、讨论要张弛有度，能够聚焦于重要信息和庞大课题的同时，还能提前回家，准备新的企划书的前期工作，去见接下来可能会发生交集领域的专家，甚至还能和大学时代的好友们偶尔聚餐放松一下。

哪一个是"正确的努力"呢？我认为是第二种。

如果说每天加班三到四个小时，我们讨论的结果的质量会提高好几十个百分点，那当然是非常了不起的努力。但是，实际上我们每天花费在劳动中的大量时间，本质上都耗费在毫无关系的细节之上，或者是把大量宝贵时间浪费在对最后提交的企划书毫无作用的信息收集和资料制作之上，然而这是真实的情况。如果是这样，那我们还不如采用紧锁焦点的工作方法，将空出来的时间用在完成其他事情上。或许无心插柳柳成荫，最终给我们带来较大的成果和显著的效率增长。对于新的领域的信息收集、学习、网页制作、与心上人私密约会、参加各种聚会、个人兴趣的发展、运动项目等，我们也应该拿出相应的时间分配给这些活动。通过与他人的聚餐，我们可以收获有趣的人脉关系。工作聚餐中大家热烈讨论，或许会激发出新的好点子。哪怕是拖着疲惫的身体回到家睡个天荒地老，那也会驱除我们的疲劳，从而提高我们的工作效率。第二天，我们精神百倍地去工作，没准灵光闪现，我们就会发现一个新的好点子。

本小节并不是只讨论了加班的话题，还讨论了要集中精力从事眼前要做的课题。但是，一定要摒弃那种花费所有的精力单纯去做一件事情的"错误的努力"。我们一定要清楚认识到，必须分配出一定的时间给别的事务。

6. 打破习惯的壁垒：
定义"自己的工作"

错误的努力＝埋头只做眼前的工作

要学会定义自己的工作。要做到"正确的努力"，这是一项必备的技能。

乍一看，好像会觉得这是一项不言自明的工作，但是，现实中很多失败的案例都是因为没有处理好这一环节而造成的。要意识到这一点的重要性，才能找到促进"正确的努力"的有力源泉。

现实中这类令人遗憾的案例简直是太多太多了。妨碍着我们进行"正确的努力"的壁垒，真是无处不在。我们遇到这种情况的时候，由于消除阻碍的规则不健全，导致我们无法逾越困难。于是乎努力的方向随之发生改变，我们的努力就转变为"错误的努力"了。

正因为如此，即便是撞上壁垒而产生方向的改变，我们仍然要做到对轨道的及时修订。在这里，对自己工作的定义就显得尤为重要。

实际上，我们每周只用一次花费五分钟的时间就足够了。大家可以刻意问自己如下两个问题。

◇我们是出于什么目的来做这份工作的呢？

◇在这份工作中，我们能起到什么样的作用呢？

对于上述两个问题，在不同的工作时期内进行思考，肯定会发现很多的问题。

当然了，以我们的"一生"为期限来思考与以"接下来的一年"为期限来思考"我们是出于什么目的来做这份工作的呢"，我们的答案肯定会大不相同。再往小的方面看，以"接下来的一个月""最近的一周"为期限来思考，我们的答案肯定更是千差万别。

短期的目标，我们比较容易找。"接下来的一周，我要准备会议演讲稿的资料收集和撰写。"只要一提起，马上就会得到答案。

但是，往大的方面看，三个月、一年、三年，甚至是十年，以更长的期限来思考我们现在做的工作对我们更长远的人生而言有什么意义。这一点，肯定很多人都没有好好思考过。

对于同样的问题，以更加长远的眼光来看，"我们应该把时间花费在哪里呢？""我们应该提前掌握什么样的技能呢？"这一系列问题的答案自然会越发明晰，我们处理工作的方法也会随之有所调整。

另外，由于我们是不同的个体，在企业中扮演着不同的角色，有的人从事业务，有的人参与工程项目的设计，甚至在公司资历的深浅，都会导致不同个体在公司发挥不同的作用。如果我们忽略了上述的各种要素，却仍埋头继续做着相同的工作，那么对于完成的业绩也好，评价或者个体的成长性也好，都是很难让二者相得益彰的。

我们厘清工作的目标和自己所发挥的作用后，对于公司领导的意向了如指掌是十分重要的。当有什么不清楚的地方，一定要事先确认清楚为佳。

7. 打破习惯的壁垒：
设定"高准的目标"

错误的努力 = 始终只做"看上去自己会做的工作"

我们重新审视自己的工作的时候，设定明确的目标就显得尤为重要。

设定目标，可以分两步来完成。

第一步，搞清楚"我们想达到什么目标"。

举个例子：目标是"要生产出品牌独树一帜的产品"，或者是"将新的项目所衍生出来的创意，作为未来企业经营的重中之重"，抑或是"获得消费者空前的支持"等。

第二步，搞明白"我们会达到什么样的水准"。

当我们决定"要生产出品牌独树一帜的产品"之际，我们就得设身处地地思考，我们目前的工作水准能将产品的品牌差异性做到何等程度呢？是要做到与某个竞争品牌有差异就好，还是真的要在这个行业里面做到品牌一枝独秀、遥遥领先呢？

还有"将新的项目所衍生出来的创意，作为未来企业经营的重中之重"，就有必要搞清楚：这个计划对自己公司的利益能发挥什么作用呢？还是只单纯地指销售额必须达到 × × 亿呢？

"获得消费者空前的支持"这一项，最理想的状态是十个顾客中有五个人选择自己的产品呢？还是预期目标客户要占到具体多少的份额呢？抑或是只想打造第一名的品牌？

　　数字、顺序、知名度等，将这些以更具体的标准进行设定，十分有必要。

　　在设定标准不明确的情况下，工作目标自然很难被高效率地完成。前面提及的"空前的支持"是什么样的支持状态呢？如果不搞清楚这一点，个人的行动显然很难开展。对于团队而言，自然也不得要领。即便是仓促上马开始工作，但是由于工作目标含混不清，有心无力，目标涣散，工作动力自然无法提升。相反地，当工作目标清晰明了，要达到什么目标都清清楚楚，我们也会在工作当中收获各种愉悦，享受整个过程，更会斗志昂扬。

　　还有，我们还应当警惕：在设定工作目标的时候，我们会在不知不觉中忧虑"我们能做到多少"，于是很容易给自己设定一个较容易达到的低水平目标。

　　毋庸置疑，设置工作目标时还是要尽可能地放远目光，把目标设置得高准。我们把目标设置得愈加高准，我们的思考就会相应愈加开阔，我们的创意就更加丰富多彩，我们的工作也会更加高效。只有因地制宜、设置好高准的目标，我们才会在不断自我优化的过程当中催生出更大的变化。尤其当我们怀揣"不仅仅是改善，而是要实现大刀阔斧的改革"的目标时，这对于我们个体或者我们的团队而言，都是一次严峻又富有挑战的大胆的变化。

8. 打破环境的壁垒：
看清楚"上司的壁垒"

错误的努力 = 被"壁垒上司"牵着鼻子走

自我的准备一切就绪，但是这并不意味着就可以进行"正确的努力"，其他方面都万事大吉了。如同前文提及的那样：正确的努力的事先准备 = 环境 × 意志 × 性格。

那么，我们接下来就具体谈谈什么是"正确的努力"的壁垒吧！面对什么样的壁垒，我们该处理到什么程度？抑或者说我们能妥协到什么地步呢？我们不能总因被壁垒阻挡，就去绕远道或者踟蹰不前，或沉湎于沮丧不能自拔，而是应该重新整理自己的思路，重新出发。

"正确的努力"在"环境"方面，遇到的第一重壁垒是来自上司的。

只要是集体性的工作，工作的目的和条件都预先被设定，向员工传达自己的意愿正是上司的作用。但是工作中，往往有很多上司是这样的，他们不说清楚"要做的工作的最终目的是什么""公司会给工作配备怎么样的经营资源"，总之对这些不事先说清楚。这样的上司往往就会成为员工进行"正确的努力"的最大壁垒。

通常那些不事先言明工作目的和环境条件的上司有两种类型。

第一种类型，是那种什么也不走脑子的、甩手掌柜类型的上司。对于这种类型的上司的评价，自然是最差劲的。

第二种类型，是不愿意承担责任的上司。上司的上头还有更高级别的上司。因此，科长向部下表明"这项工作要达到……的效果，我能给的条件是……"的情况下，如果他的言论和部长的发生背离，那将是科长不愿意看到的。一旦发生龃龉就要科长来承担责任，这对于科长来说就是梦魇。

像这种回避风险型的上司，通常特别容易变化。

比如说，有的上司内心早已想好"我的工作就是让公司的事务有序开展，不发生停滞"。这种是在那种病入膏肓的大企业机构中经常存在的类型，虽然谈不上是糟糕的上司，但是由于并不重视生产结果，也容易成为部下"正确的努力"的最大壁垒。

另外，还有一种回避风险型的上司，他们是崇尚完美主义的上司，做事漂亮圆滑。

这些上司对于任何一点瑕疵都无法忍受，不论事情是否重要，凡事都要过问，而且不允许出现瑕疵。例如对于一些根本不重要的资料，这些上司会非常重视，"这个地方写得不通顺""这里的信息不充分"，事无巨细都要管，拘泥于形式主义。原本上司应该给下面的团队和机构指明方向，告诉大家怎么样才能做出"正确的努力"，获得最大的成果，尽可能地发挥所有成员的主观能动性，使人尽其用。但是单纯追求"凡事都要做得完美无瑕"的话，那就会成为部下工作的最大壁垒。

9. 打破环境的壁垒：
通过"借力经营"超越部门的壁垒

错误的努力＝只有自己和所在的部门努力

　　要做出"正确的努力"，在环境方面的第二个大的壁垒是"机构组织的氛围和趣味"。关于这一点，有各种各样的案例。最具有代表性的例子是无法做到横向争论和横向的互相帮助的"纵向割裂型团队"。

　　"纵向割裂型"也分为好多种类，有的时候是部门和部门之间信息流通不畅，上下割裂，还有的时候是各个部门的负责人之间彼此独立，互相之间无法实现合作。

　　不论是从横向来看，还是从纵向来看，任何一个集团或者团体单纯凭借自己肯定是无法自给自足的。而在我们手头的案例中，只有 A 部门和 B 部门联手合作，最后获得共赢的情况才是最多的。

　　2011 年 3 月，日本东部发生大地震，由于政府各个部门之间无法实现纵向合作，不能互相协助实现灾后重建。随后，政府决定建立灾后复兴厅。当然这种情况并不仅仅存在于政府之中。

　　"我们团队的力量绵薄，无法做到。"

　　"我们也知道隔壁部门的困扰，但是那不在我们工作的范畴内。"

　　很多企业都有这样事不关己高高挂起的态度，实际上这无形中造成了非常大的损失。

不给予别人帮助，这意味着在自己需要帮助的时候，也无法得到来自别人的助力。

即使有十分优秀的上司，即使所在部门工作效率非常高，但是单单具备这些条件，还是无法解决工作中存在的很多问题。如果抱残守缺，没有意识到很多时候都需要别的部门的协助的话，那么肯定就会错失很多本能得到的大的成果。

换个说法，那些无法与别的部门协作的部门，是无法实现"借力经营"的。

借力经营（leverage）这个词，在财务领域也经常被使用。意思是在自己所有资本的基础上，借贷并活用其他部门或者公司的资金，实现企业的经营和运作。另外，在 M&A（Mergers and Acquisitions，即企业并购）之际，根据对被并购企业资产的评估来借钱给对方，最后将对方企业并购的情况下，这个词语也会被使用。正如"杠杆作用"这个词汇的本意那般，意味着这是一种通过自己的资本来实现的大投资。

常言道："Leveraging others and being leveraged by others."（将欲取之，必先予之）顾名思义，就是我们只有帮助了需要帮助的朋友，朋友们才会在关键时刻给予我们帮助。良好的协作意识，从麦肯锡公司的普通员工到团队负责人，再从团队负责人到高层领导的评价体系中，占据十分重要的位置。评价部门会对要录用的管理人员进行评估："你具备帮助别人的能力吗？""你是否愿意帮助别人呢？""你是否善于借助别人的帮助，从而将自己的工作成果最大化呢？"

毋庸置疑，要实现工作成果的最大化，善于借力经营是必不可少的技能。那些不重视借力经营的企业，它们的生产效率一定是令人担忧的。

10. 打破环境的壁垒：
不要陷入"例行公事化"

错误的努力 = 依照过往的思维方式行动

环境方面的第三个壁垒是"例行公事化"地工作。这里不是指做事情按照特定的规定和方法，而是思维方式过度拘泥、固定化，以致严重阻碍了新的创意的产生。

那些喜爱进行"例行公事化"工作的人的典型特征是，总是爱拿以前的方法作比较。

很多企业也都奉行着"例行公事化"的工作模式。预算、销售、利润等方面，"比前年增加了五个百分点"，"比去年减少了两个百分点"。他们喜欢通过对这些数据的比较，来判断运营的盈亏情况。这成为他们企业自身改革的强大阻碍，不仅仅是数字方面，而是遍及企业运作的方方面面。这成为"正确的努力"的最大的壁垒。

举个例子，当我们思考"今年的股东大会该怎么办"的时候，总会有人跳出来说："我们去年是这样办的。因此，今年我们还是不要背离这个方式才好哟！"对于这种建议我们一定要小心。

"我们今年的股东大会要办得空前绝后，做到最好。"我们怀揣着这样的目的的时候，在对前年的问题点进行改善的基础上来重新思考，才是最好的办法。或者，考虑到当下的股价和公司的管理情况，从零基预算的角度，对本年度股东大会的举办方法进行探讨，我认为这才是最好的选择。我的答案诸位肯定非常清楚了，与去年作比较，只能产生微小的改变（minor change），有时候甚至细微的改变也起不到作用。如果总是凡事提去年，那么要说这家企业的创意水平能有所飞跃，是无法让人充满期待的。

"例行公事化"的理由，平心而论就是"习惯化"和"图省事"。

当同样的工作反复出现的时候，人们的脑海里就会浮现出"这次又是同样的老生常谈"的观念。另外，零基预算又过于麻烦，而根据以往的经验去做事，省时省力。

"例行公事化"，是人们在"平淡无奇、没有风险"的时候产生的观念。于是在面对一项工作的时候，按照以往的经验主义，为了减少错误，最简单的方法是"过去就是这么做的，万事OK"。这种方法无形中还避免了很多风险，于是很多政府机构和大企业做事时都采用"例行公事化"的方法。

日复一日，年复一年，将每天、每周做的工作都"例行公事化"的话，工作效率的确会有所提升。但是，如果能进行改变，比如数月一次，甚至每年一次，尽管麻烦，却还尝试从零基预算来进行思考的话，我觉得一定会邂逅"正确的努力"的。

"例行公事化"其本身就是不断重复，没有任何的新鲜感和新的进步。当然了，比起只做一遍的人而言，做过十遍的人肯定会做得更好。所以很多熟练工往往能得到重用。于是乎，这大大削弱了很多年轻人进行"正确的努力"的意愿，作为机构而言，它的革新性和活力自然就越来越弱了。

11. 打破环境的壁垒：
超越"烦琐的手续"的壁垒

错误的努力 = 屈从于"规章至上主义"

要做出"正确的努力"，还有一个大的壁垒，即公司内部的各种规章制度。换言之，公司规定的各种手续过度烦琐。

"要获得一项审批，必须得到主任、科长和部长的签章不可。"这在公司中司空见惯。"有件事情要拜托隔壁部门的部长去办，在公司中，不能越过本部门直接去洽谈，而是首先要向自己所在部门的部长进行汇报和申请，随后部长向更高一级的主管上司汇报批准，获得同意后才能进行部长和部长之间的交流……"不幸的是，在公司里，我们必须受类似于这样的规章制度的制约，企业中不同的部门和部门之间的规章制度也是有所不同的。

于是，随着这样的规章制度越来越多，该怎样去努力？员工们也陷入了为难的境地。这样的规章就成了"正确的努力"的壁垒。

在大的机构中，有一定数量的、奉那些规章制度和条条框框的手续为尚方宝剑的人。这些人始终认为"事情本来就应该按照这样的手续来办""我也一直就是这样过来的"，他们也要求别人必须按照这样的手续和规章来执行。当别人提出要变通的时候，他们总是找各种理由拒绝，始终不予以理解。

下面的案例当然是一个笑话了。"我们的领导总是日理万机，我们要办事绝不可以直接去办公室找他们，而是先要联络他们的秘书，预约时间后才能去汇报。"像这样，将规章制度夸张地奉为金科玉律，丝毫不肯变通。即便是我们的领导在办公室，我们也能看到他们的影子，但是找不到传达的秘书的影子，于是我们就不能直接和领导进行交谈。这样的案例在日常工作中为数不少。

如果因为这样的原因造成难以估量的损失的话，那一点回旋的余地都找不到了。因为这样墨守成规而损失的机会真是无法估量。

"最重要的是手续？抑或者是工作中的成果呢？"

这是一个不用回答的问题。不言而喻，答案自然会是后者。

要让每个人都发表自己的见解，就要相应地改变企业决策的方法，改变每个机构的手续办理流程。要一时半会儿就发生改变，那显然是不可能的，但我们还是在允许的范围内，尽可能地做到避繁就简、事半功倍。

如果我们发现，某个约定俗成的规章制度是不合理的，我们一定要一马当先、不畏权贵，我们要明白，自己也有选择不遵守不合理的规章制度的权利。我希望大家都能够意识到这一点。

或许有人认为："单位不发生改变，我也就不发生改变。"这句话也是人们给自己的妥协找借口。当然，很多情况下，上面不发生改变，我们也无法进行改变，但是我们也不要忽略还有一种情况：即便是单位的领导层不发生改变，但我们能自我改变的地方还是有很多很多的。

12. 打破环境的壁垒：
了解"评价"的壁垒，寻求改变

错误的努力＝基于重视"交接"的评价

组织机构的评价不够贴切的话，也会成为"正确的努力"的壁垒。

这个问题与普通职员是无关的，我希望各位企业的老总都能够重视这一点。

每个企业都有自己的评价人才的标准，而且各有不同。有的认为某种人才是优秀的，有的认为另外一种人才是优秀的，不尽相同。这是因为在不同的企业里，对于"优秀"一词的定义是千差万别的，肯定无法做到整齐划一。

根据这样的定义，公司职员开展自己的工作，上司对自己的部下进行评价，并找到那些"工作成绩好的职员和工作能力差的职员"。

因此，一旦这家企业对"优秀"的定义定位发生偏差的话，这家企业的生产效率自然无法获得提高。如果不能进行准确的评价，下属们是很难对工作的目标、要生产的产品的效果进行把握，很多时候会出现事倍功半的情况。

评价出现谬误的案例是最多的。交接（interface）的完成度，也就是根据工作和本人的外在表现进行评价。例如对"文件是不是整理得有条不紊""解释是否十分精彩"，人们经常会根据一些表面功夫来做出决定。

这种趋势在那些大企业中还是很少的，但是在那些业绩怎么也上不去的部门和职能部门（staff），却最容易见到。

如果要对这样的公司和部门进行评价的话，通常会是：

"提案本身貌似没有那么好，但是资料却朗朗上口。"

"即便没有实质性的内容，但是应对敏捷，口头表达也非常棒！"

"不管做什么事情都找不到任何纰漏，我觉得很赞！"

以上都是这样的类型。

此外，像上述这些精于交接的"优等生"，在任何企业里都是非常受人瞩目的。周围的人们也都将他们引为榜样，竞相模仿他们的一举一动，于是一个错误的榜样人物应运而生。

对于那些不能够准确评价下属的上司而言，那些不犯错误的精于交接的"优等生"才是他们心目中的好下属。那些无法指导下属去撷取到好的工作业绩的上司，以及那些为了自己的业绩将下属当作自己的心腹使用的上司，都尤为喜爱重用精于交接的"优等生"下属。在上司的带动下，这种交接模式就会愈演愈烈，人事考评的标准就会产生偏差。

但是，一旦因错误的评价而升职的人都变为领导的话，这个企业就真的要倒霉了。所以，企业必须要求领导人要做出准确的判断，拿出好的创意，解决工作中的难题，指导部下的一系列实质性的工作，从而推进工作效果。如果做不到这一点，即便是领导人负起责任，真心实意地去冲刺那些挑战性较大的工作，肯定也无法收获理想的效果的。

到这个时候，对领导人也好，对周围的人也好，都是日暮途穷，大家只能束手无策。在上司和人事部门看来，"工作都交付给了让人放心的称职的员工"和"优秀的下属"，领导人也颇感自得，还自视为行业精英，觉得这项工作"简直就如囊中取物"般容易。一旦与残酷的现实工作真刀真枪地交手，这些人往往会遭遇挫折，一蹶不振。

上述那些精于交接的"优等生"下属，之所以会做出没有价值的努力，原因是这些人中有的敷衍了事的功夫精湛，有的善于溜须拍马，赢取上司的好感。

这是因为某些企业就会买椟还珠，比起工作业绩来更重去评价"有条不紊的资料"和"中规中矩的说明"等事务。

作为普通职员，自然要不断调整自己来适应公司的需求。于是，那些能力高超的人才不得其道，最后也无法施展本领，无法做出"正确的努力"。

要做出正确的评价，的确是非常困难的事情。我做企业咨询师的时候，和数位优秀的人事主管共职，将他们的"准确的评价方法"归结起来说，就只有一个：让同事们喜欢上自己，让每个人才都为本公司努力地工作。

那些天生不喜欢别人的人，自然无法培养出发现人才的眼光。那些厌恶吃鱼的人即便是去海里捕鱼，最后也无法捉到好的鱼。那些讨厌马的人，让他们去赛马场的预检场甄选，他们也无法判别马的个体条件。

只有那些喜欢、愿意与人交往、善于关心别人、与别人在一起的时候愿意拿出时间去发现对方的优点的人，才更容易做出"正确的努力"。那么，处事的"手续"是否合适？讲话的方式是否得体？等等。而不是只关注资料整理得是否有条不紊，因为挖掘人的潜在价值更为重要。

我希望企业和公司的管理人一定要用心去做自己的工作。

13. 打破环境的壁垒：
增加"控制力度"

错误的努力 = 被各种壁垒包围，失去自由度

在本小节，将对"正确的努力"的壁垒和摆脱"错误的努力"的方法进行简要讨论。

"正确的努力"的壁垒是什么呢？是来自上司的过度干涉？还是公司内相关部门的规章制度至上主义？抑或是公司的各个部门不能协力合作？

"错误的努力"之所以如影随形，那是因为公司的风气就是奉行"时间 = 努力"吗？还是不管做什么事情，都是提倡照章办事，一点也不变通呢？

在读者你的周边环境中，阻碍你做出"正确的努力"的原因是什么呢？我们一起想想看。我们可以一起将自己想到的和看到的问题拿出来，与周围的同事们一起讨论。当然，大家一起讨论的时候，并不是单纯地吐槽，而是要抽丝剥茧，找到问题出在哪里，真正找到能提高工作效率的方法。

当然，我们也不能操之过急，要一时半会儿就打破阻碍我们前进的各种壁垒，消除牵制我们工作的根本原因，也是不现实的。

我们做自己力所能及的事情，目前无法做到的事，在认真评估后可以暂且搁置。对于阻碍工作进行的主要原因，我们要及时发现，不要让它继续推进。

我自然也无法拿出一剂灵丹妙药，能将企业中的各种壁垒全部解除。

尤其是一个公司的风气已然成型，或者上司就是如此缺乏变通，要解决上述困难就难上加难。在这种情况下，如果我们还要做出"正确的努力"，或许大家的一腔努力真的会白费。

实现"正确的努力"的要素能占到八成的话，那就是最理想的状态了，但是，这种情况在现实中通常很少出现。一切都要从零开始，那是让人沮丧的事情，当然一个公司和企业也不可能连一点基础都没有。

我们要明白：自己所处的工作环境中有多少要素有利于我们进行"正确的努力"；还有哪些要素有待于我们自身的努力。这才是由我们创造出来的有效的、基于现实的"正确的努力"的环境。

我们无法左右公司决定的工作目的和上司的工作方法，但是我们在某种程度上可以调控自己的日程，可以安排开展工作的方式。虽然我们无法引导公司的风气，但是我们可以让自己做到不随波逐流、见风转舵。

一天当中的工作日程、工作目标、人际关系……随着我们的自我控制，工作的环境肯定会逐渐好转。与此同时，我们也会削弱"控制力度"的比例。

在公司的"控制力度"之下，从表面上来看，每个人都各司其职，各得其所。

举个例子来说明：我所认识的那些做着"正确的努力"的人当中，有的人兢兢业业，成天趴在办公桌前工作，也有人邋里邋遢，办公桌乱得一塌糊涂。

有的公司一直强调：一屋不扫，何以扫天下？"要做出正确的努力，就要先将自己的办公桌打扫干净！"这都是形式主义的规定，其实根本不需要拘泥于这些。对于自己的办公桌，什么文件在什么位置，自己对此了如指掌的话，那么收拾不收拾都可以做"正确的努力"。

在麦肯锡，很多后进职员都从事着高效率的工作。他们如同海绵挤水一样，总能找到闲余的时间，兼顾多方面的兴趣爱好，他们的工作质量远远超过多年的行家里手。只要精神有富余，就能做出更好的努力，成果自然也就源源不断。我注意到：这些后辈的办公桌永远是邋里邋遢的，"繁杂"最能说明他们办公桌的真实状态。

1990 年，我在麦肯锡的伦敦总部履职。当时我的偶像级同事是一位英国威尔士人，他也是我们的部门同事。他的工作能力非常优秀，独当一面，但是他的办公室可真是叫人抓狂，脏乱得一塌糊涂。尽管他的办公室非常宽阔，但是他把大量的文件密密匝匝地堆在墙角，就算给他派一位擅长整理文件的助手协助他，估计助手也会感到崩溃的吧！

但是，我的威尔士同事对自己的办公室非常熟悉。什么文件在什么位置，怎么样能立刻找到它，他全部了然于胸。这或许就是他的工作方法吧。他有自己的工作方法和标准，他拥有只针对自己的规章制度。面对繁杂的文件海洋，他的精神之强大，也是令人肃然起敬的。我的威尔士同事的办公室，就是在他本人的有力掌控之下。

在增加控制力度的情况下，最重要的是获取工作的自由度。当然这不是一蹴而就的事情，需要花费大量的时间。但是，这种自由度越大，就要求自我的自控力度要相应增强，才能够做出"正确的努力"。

自由度很大程度上取决于自信，同时也来自他人的信任感的增加。

自己对自己很自信的情况下，就能轻装上阵。如果得到别人的信赖的话，就会得到"那家伙既然说自己能干，他肯定就能干出来"的支持。

这一点，有赖于自我的长期积累。工作成绩的不断提升，个人的自信心肯定就越大。对于那些做事时目标不是那么明确的人而言，他们一旦做出了成绩，也会变得果断，能够付诸行动，获得周围人的信赖。

反过来说，那些工作始终不见起色的人，他们的原地打转往往使他们内心不安，无法做出"正确的努力"，自然无法从周围人那里得到信赖。他们工作的自由度，也会越来越低，他们就将与"正确的努力"失之交臂。

14. 行动变革的要点：
瞄准上高远的"大目标"

错误的努力 ＝ 全力疾走于眼前的事物

如果你是入行不久的咨询师，公司委托你进行制造商 A 公司的销售业绩改善项目。虽然规定提交最终提案的时限是三个月后，但是在本周周五的委托代理商会议上，还有一份报告书必须完成。那么周一、周二和周三，肯定得没日没夜地加班了。到最后，报告书只完成了六成。

今天已经是周四。你自己心里有数：如果今天晚上不彻夜加班，报告书肯定无法写完。但是你又不幸地感冒了，而且身体情况十分糟糕，这就是精神追求和身体条件发生冲突的状况……

在这样的情况下，很多人还是会选择继续工作，这其实就是"错误的努力"。

打破身体条件的极限，强打着精神去工作。这个案例很典型，他让战略性的思考，任何时候都高高地凌驾于一切之上。

但是，商业运营和打棒球、拳击赛是一样的，无法做到一举获胜。最终比赛是建立在若干次比赛的基础上的，对于每场比赛而言，其大前提就是要在所有比赛中大获全胜。

如果没有制定"我们怎么在本次比赛中获取胜利"的战略的话，怎么样都算不上"正确的努力"。

说起战略，我们总是觉得高深莫测，我们甚至会想到"必须有所取舍"。这么想是正确的，战略既是一种选择，也是一种舍弃。

不管是在什么场合，我们要在工作的哪个部分倾注精力，我们又要将哪个部分舍弃，最终都必须确立一个适合自己的战略。

个人的工作方法也好，像企业运营这样的大问题也好，我们要发现哪个部分是至关重要的（这里指的是那些给予工作结果巨大影响的重要因素），除此之外的哪些部分，我们是可以忽略不计的。能做出这样的判断，我们就发现了"正确的努力"的真谛。

在工作上，我们要权衡"要放弃哪个部分"的时候，应该聚焦于如下两点：

①这项工作的目的是什么？
②要在多长的时限内获得成果呢？

这种时候，很多人都会判断失误。

①目的 = 制作会议用的报告书
②期限 = 截至本周的星期五

这里值得注意的是，以上仅仅是眼下的一个小小的目标，而不是你工作的最终目标。

①目的 =A 公司销售业绩改善

②期限＝三个月

这才是正确的目的和期限。一般而言，公司先决定企业运营的大目标，然后再把大目标细化为很多小目标，分派给企业的各个部门或者个人。

举个例子来说，将"A公司销售业绩改善"这个案例委托给咨询师来处理，会是一种怎样的情形呢？

将项目分割为"改善库存管理和营业员的行动规范"，然后创建两个团队。将"改善库存管理"的工作分给其中一个团队，将"改善营业员的行为规范"分派给另外一个团队。

这个项目要求两个团队每周一次，以碰头会议的形式，进行最新进展的汇报。如果两个团队每天都在拼命为每周一次的碰头会议准备报告书的话，那么两个团队的工作怎么都算不上是"正确的努力"。

如果说本周的会议要集中讨论"改善库存管理"的问题，要研究团队成员负责的定量分析的数据结果。但是你承担的调查还在进行当中，调查的结果要到两个星期后才能知道，那么此时你的目标应该是两周以后的会议，在本周的例会上，你只需简单地对自己的调查现状做一个口头汇报即可。

如果下周的议题是"改善营业员的行为规范"，那你还要再等一周再做汇报，这才是我所认为的"正确的努力"。

当然了，大家在所有人的重压下难免阵脚大乱，你的顶头上司也会给我们工作上的监督。但是，没有必要事无巨细，事必躬亲。

另外，"本周五的报告会"其本身仅仅是一个小小的短期目标，最终的目标才是三个月后的提案提交。如果现在身体情况确实出现了问题，体力不支，那么就不要逞强，至少不要让身体问题影响下周的其他工作。

如果说本周五的会议牵涉到团队整体的胜败，那又另当别论了。如果这个短会只是三个月里的一次普通会议的话，那就调整计划，把完成 60% 的资料作为这次的短期目标，这才是正确的判断。只有保存体力，对三个月后的提案全力以赴，这才是明智之举。

这里最重要的是要意识到这一点："在某个时间段怎样将成功最大化？"

我再举一个不同的案例来继续说明。

比如计划在三个月的时间里举行五次报告会。

这个时候，从第一次到第五次，所有的工作内容都要尽善尽美，这是一种没有战略的努力。我们可以在第一次会议上简单地介绍预期的进度。如果"任何细节都要做到无懈可击"的话，并通宵达旦地准备资料，那都是无效的努力。在前文我们提到了"丧失机会"，这就是例证。

我们其实可以这样做：第一次我们互相交流对问题的看法，加深理解。第二次和第三次共享信息，进行公开的讨论。第四次拿出对应的提案，并将其明确。第五次最终敲定和表决……就这样，构筑好一个"整体计划"。那么问题来了，在这五次报告会中，哪一次会议是重要的（critical）会议呢？对此，我们要认真地进行判断。

在这个例子当中，第四次是最重要的一次会议吧？于是，我们就要张弛有度，重点突出才不失为良策。

如果你是企业的新人，或者只是团队的一分子的时候，通常情况下，只有充分了解到"团队的最终目标是什么"之后，你的工作方式才会有实质上的有效改变。

另外一种情况，如果你是领导，当意识到所在的团队有可能只有一小部分成员理解你的工作目标。而作为领导，你要对团队的整体情况了如指掌，有的时候还要明确告知你的队员："这部分在特殊情况下，我们可以舍弃！"

"我们的目标不是本周五的会议，而是三个月后项目提案的成功提交。而且成功与否不是任何一个人的工作能单独决定的。假如我们周五的会议报告书只完成了60%，其实也并不意味着我们的工作就无法开展下去了。因此，身体有恙的话，就要好好休息！"

因此，将整体目标和期限明确告知团队的成员，且和每个成员都要说清楚。

如果每次都是拘泥于短期目标的完成，斤斤计较，这样的领导就不算好的领导。

但是，如果以在周五的会议和下周的会议上不犯任何错误为工作目标的话，那么你的部属和团队就无法搞清楚你的最终目标是什么。

于是，每个成员都拼命地在每个关口如履薄冰，疲于应对。虽然每个人都竭尽全力，但是从整体上来看，结果并不尽如人意。于是团队的工作陷入了可怕的恶性循环。

15. 行动变革的要点：
拥有"惜力志向"

错误的努力 = 只满足于出力

决定"正确的努力"的最关键要素是是否拥有明确的"惜力志向"（outcome）。

我们要心中有数："在这样的时间点，我们这样的行动会带来怎样的成果呢？"

其间尽管我们进行了各种各样的调研、热烈的讨论，殚精竭虑地疲于工作，但是如果运营丝毫不见起色的话，那么之前的所有付出都归于零，一切都显得毫无意义。

为了避免不出现类似的失误，我们要注意的只有一点，那就是做事情并不见得是只要付出（output）了，就到此为止了。

上述提及的"付出"这个词，它指的是"出现、刊登、销售"等多个层面，还有一个重要含义是"投身和付出"。很多人在工作当中都很容易落入"只要我付出了就可以了"的窠臼。

还有人特别容易陷入一种怪圈。那就是将精力全部投入会议、报告发表会、碰头会中，为准备这些会议的材料乐此不疲。最后所有的"付出"都变成了"错误的努力"。

或许我们事先无法判断自己的所有付出是不是一种"错误的努力"。但是，我们至少要先弄清楚这一点，然后再进行其他工作。我们要清楚地去思考"一旦自己这么做，会带来什么相应的变化"，然后将自己的思考落实到实际工作中。只有这样，我们的付出才会变成"正确的努力"。

　　举个例子，就像在角色扮演游戏（role playing game）舞台（stage）上的剧情推进一样，此时一旦武器和事项（任务）如期到手，通过所有要素的配合，最终有助于一招制敌，这就是"正确的努力"。

　　当然了，所有的付出和回报并不见得成正比。

　　这里并不要求大家盲目地付出，而是在开展工作之前，大家要认真地思考："我的付出会带来什么样的成果？我要怎样付出才能做出'正确的努力'？"通过逆向思维进行思考后，再进行合理地工作，我觉得这样才是明智之举。

　　怀揣着"惜力志向"，然后去付出，这既有助于提高工作的质量，也有助于准确把握工作的进度。

16. 行动变革的要点：
认识到"委派给别人也要负责任"

错误的努力 = 自始至终一个人单干

上司委派给我们重要工作任务的时候，总会特意地强调："一定要负责任好好地完成。"很多人肯定会经常遇到这样的场景。

从事那些富有挑战性的工作时，也有员工会马上表态："我一定会负责任、高质量地完成工作！"

在这样"负责任"方针的指导下，很多人自我定位失误，埋头工作，最后都是做了"错误的努力"。这种情况不仅仅出现在新手职员当中，很多优秀的人才和企业中的老资格员工也容易犯这种错误。他们认为"负责任 = 所有的工作都要自己来做"。

今天，我们要对以往的认识进行纠正。

"负责任 = 对责任也要正确活用"。

当上司"委派给我们工作"的时候，这意味着要求我们负责设计工作的整体方案，要将自己要做的工作和委派给别人的工作清楚地进行分割。

自己承担的那部分一定要尽自己最大的努力完成。委派给别人的部分，一定要告知对方，在质量上和效率上争取更好。这样一来，全部的工作内容被划分清楚，工作动机明确，这有助于最终获得好的成果。这才是真正的负责任地去工作。

如果不能够理解这一点，自己一个人承担全部的责任，这是不合理的。这种认识会导致劳动时间变得尤其长，让周围人感觉到你为了工作十分拼命，但是这种"拼命"最终换不到好的成果。

即便最后获得了好的成果，但是包括吃喝拉撒这类日常事务你都事必躬亲，那么你会损失以下三个"正确的努力"的机会。

①丧失了通过活用他人的帮助而创造好的结果的机会。
②因为七七八八的琐事占据太多的时间，而丧失了高效率工作的机会。
③丧失了学习运筹帷幄、掌握做领导的必备技能的机会。

不论是足球比赛，还是商业运营，一个人永远控球是无法取得比赛的最终胜利的。学会有效地划分责任，不要统揽全部责任，掌控好节奏，记得要给队友传球喔！

17. 行动变革的要点：
首先要"两手空空"地来交谈

错误的努力="二话不说"首先制作资料

上司或许会突然告诉你："关于我们目前的项目，我们一起开个会议吧。"当然，开会和准备会议非常浪费时间。

这个时候，很多人都会马上就自己在项目中承担的工作内容汇总成两张A4纸，然后匆匆忙忙来参加会议。乍一看，每个人都认真准备了，煞有介事，充分翔实，难道这就是我们所追求的"正确的努力"吗？

一听说有会议，很多人立刻下意识地认为需要制作在会议上发表的报告书。这在大部分商务人士之中是司空见惯的，也是他们脑袋上令人头疼的"紧箍咒"。

在麦肯锡就职的时候，我也会召开会议。不论是周围的咨询师还是新入公司的员工，他们都不会两手空空地出现在会议室。几乎所有人的手里都拿着各种文件。

然而，花费在制作这些文件上的时间都是无效的。

说得严重一点，每个人手里拿着的资料，与其说是"输出"或者"成果"，不如说是单纯的纸张。为了在这些纸张上写满字，他们煞费苦心，浪费了大把的宝贵时间。这是"错误的努力"，除此之外一无是处。

制作文件的主要原因，是很多人都认为"文件＝工作"。他们同样会认为，如果不制作文件的话，那就是"两手空空＝没有准备"，这样的先入为主的观念，导致他们宁愿浪费时间。像试行方案、征求意见稿、待审核提案和草稿，花费时间来制作这样的文件，究竟对工作有多大帮助？那真的很难说。

另外，信息不足也是产生"试行类文件"的根本原因。

也有人在接到上司的开会通知之际，尽管手里信息不足，但是他们还是会攒写会议时用的资料，或者是试行类方案的企划书。不管对会议有用与否，这些员工认为反正先写出来就是一种努力。也有一些上司持这样的观点：不管有用与否，先写写看嘛！

然而，在两眼一抹黑的情况下，既不清楚上司的意图，亦不了解开会的主要目标，就仓促地上马，撰写会议报告书，最常见的后果，就是被上司批评"把最重要的信息给忽略掉了""搞错了工作的前提"，最后还是得返工。到这个节骨眼上，部下才知道上司的本意，但是事已至此，只能重新领会上司的意图和会议目标，撰写新的会议资料。但是毋庸置疑的是，至此他们所付出的时间都付之东流了。

当然，也会有很多其他因素左右他们对信息的了解。例如公司的风气、上司本人的角色定位都不同，一旦信息共享出现瑕疵，一切立刻转换为"错误的努力"。不论是上司的传达不准确，还是下属不敢说"请把准确的信息告知我"，任何一种都会导致恶性循环的出现。这种情况在很多公司都是屡见不鲜的。

要避免出现上述的制作"无效的文件"的"错误的努力"，有三个要点。

第一，果断、坚定地"两手空空"地去参加会议。我们要意识到迄今为止，因为制作无效的文件浪费了多少纸张。

第二，首先要认真地领会上司传达给你的意图和正确的信息。能做到这一点，就能避免很多无端的时间浪费。

第三，站在部下的立场上，要详细地确认各种信息。

"这个资料制作的目的是什么？""资料应该强调什么重点呢？"单刀直入地介入问题是最好的途径。一般情况下，信息都在上司的手中，我们应该先和领导确认："我们出于什么目的，资料总结中要强调什么要点？"

我们既然花费了大量的时间来准备资料，那么我们就要尽量地取得更好的成果。

"既然都是要创造同样的成果，我们就尽可能合理地花费时间、劳力，当然了，文件也尽量少制作为好！"只有意识到这一点，才能做出"正确的努力"。资料的主题要明确，文字简明扼要，只有这样的资料才会对会议好处良多。

18. 行动变革的要点：
创造"思考的时间"

错误的努力＝所有的事务都用效率来衡量

说起"尽量减少无效的努力，创造最大的成果"的话题，很多人就会产生一个误解，认为"正确的努力＝效率性"。因为这是一个最大的误解，我们给大家好好分析一下。

效率当然十分重要，但是一旦陷入效率主义的话，则会距离"正确的努力"的目标越来越远。

效率主义的最突出代表是"任务完成达人"。这类达人喜欢在手机和手账的工作备忘录上录入工作事项，一做完马上就把工作事项从工作清单上擦除。

这一类人对所有的事务的反应都是非常迅速的。不管对于什么样的问题，他们都会在第一瞬间想到好的应对策略。

这种类型的任务完成达人基于自己的工作经验，能找到好几个应对策略。他们总能随学随用，迅捷地解决好问题。这种达人的工作效率就如同"抗生素之于细菌，类固醇之于湿疹"的效用。

但是，一旦上述疾病发生细菌性变化、产生病毒的话，即便使用抗生素也鞭长莫及。很多情况下，湿疹不能依靠药物，还有赖于自身体质的改善。当然，还有的湿疹是因为某些人对新的衣物会发生过敏反应。这种情况下，还要具体问题具体分析，因地制宜才对。

　　在麦肯锡我感受最深刻的是，某些经营者津津乐道的方案，从效率主义的角度来看，往往是白费力气。

　　如果企业计划解决的课题是"提高工厂的生产效率"，但是却在反复堆垒理论，并进行别的方面的论证，那么就有必要从"公司的改革"等多方面对这个症结进行重新思考。因为还有很多我们尚未想到的启发和线索，也能从别的地方获得新鲜创意也未可知，这个时候如果只是单纯地追求效率，那么就是一种"错误的努力"。为了让我们能够更清晰有效地思考，我们还有必要在一边工作的同时，一边拿出时间确保思考。

　　这点不仅仅限于企业咨询师。要撷取到好的成果，就需要丰富的思考能力和创新能力。如果只单纯地追求效率主义，那么其他方面就会被忽略。如果要做出"正确的努力"，我们就要从唯效率主义的工作方式中摆脱出来。

19. 行动变革的要点：经常做"前期投入工作"

错误的努力 = 后知后觉的努力

"前期投入工作"（front-loading），顾名思义，指的是提前按计划承担起责任。但是站在生产商的立场上，则指的是在项目的最初阶段，大力度地投入相应的时间和劳力，也有的时候指为预防后期会发生的问题而未雨绸缪。

关于"前期准备工作"，本文总结了几个要点，一起进行探讨。

要点 1：最初要共享信息

例如，要完成某项工作，规定的时限是一个星期。在星期一就有必要和上司以及团队的属下进行交流，将自己得到的信息与他们共享。凡是那些需要大家一起来开会的工作，一般都是星期一来做比较合适。

要点 2：起步阶段要探讨工作的最大目标

在工作的起步阶段就探讨工作目标，的确是一个困难的挑战，也是一项麻烦的工作。但是，正因为如此，在起步阶段能将所有的问题集中起来，哪怕是预设目标，这都是非常重要的。这就是本节要谈论的"前期准备工作"。如果能准确做好这一点，在后面的工作中，不论是工作探讨还是讨论的有效性都会得到有效提高。

当然了，最初预设的目标要不断地通过后面的讨论来一节一节地验证准确性，这是非常有必要的。当中途觉得要对其中的问题进行变更的话，我们一定要当机立断、毫不犹豫进行目标更迭。乍一看似乎走了弯路，但是我们经常会遇到的问题是，很多预设的目标最终都很难派上用场。但是从长远的角度上来审视，初期目标的设定，对于随后工作的生产效率的提高还是大有裨益的。

要点 3：把最麻烦的工作在最初完成

如果你手头有责任重大或者是超级烦琐的工作，建议你首先着手完成。

如果你遇到"要对营业点一个个地实地调查，听取他们的意见，真是麻烦透顶"的情况的话，那么你就先从这个工作做起。或者是遇到"要把这些琐碎的数据逐一进行分析，真是一点儿也不想动弹"的时候，那你一定要先从数据的分析入手。如果你在精神方面、知识方面遇到了困难，那你也一定要尽早着手去解决问题。

如果这个时候，你总是找理由搪塞，总是想往后拖延，不想直接面对，或者借口找不到时间，"我哪有时间去所有的营业点呢，办不到！""数据分析太繁杂，我只能打马虎眼来应对了。"如果你陷入这样的状态，那么想做出"正确的努力"真是希望渺茫。

反过来说，事先完成费精力的工作，剩下的工作能支配的时间确实减少了，但是那些超级麻烦的、你不想做的工作已经全部事先完成了，剩下的都是容易的，也是轻松的工作内容了。你完全可以放松自己去继续完成，你的工作质量也会相应提高。

要点 4：从心理上感到是负担的工作要事先完成

任何人都有不擅长做的事情。我们的上司可能是这样，企业的咨询师也可能是这样。和这样的人交谈的时候，我们可以调整工作顺序，往后缓一缓。

对于我们而言，与那些很难交流的人交谈，会产生一种无形的压力，给他们解释问题，也是超级花费心力。然而正因为如此，你得找专门的时间去拜访你的上司，必须和他开诚布公地进行交谈。当然了，这种时候"时机"（timing）非常的重要，一定要找准时机。

如果有两个部长，A 部长严厉苛责，B 部长则办事稳重。这种时候，建议你先和 A 部长交谈。

最初阶段由于工作的自由度较大，所以你们之间的交流可能会更容易。如果先和 B 部长交谈的话，势必会制约你和 A 部长之间的交谈。这样一来，你和 A 部长之间的交流就会变得困难起来。这是极有可能的。这种情况下，一旦一个环节出现了问题，对其他地方的影响一下子就显现出来了。因此，在这里，我建议大家不妨先解决最主要的问题才好。

B 部长的态度更为柔和，如果 A 部长的态度过于严厉，他还提出了比较严苛的条件，在 B 部长这里就能够得到一定的缓冲了。

要点 5：起步阶段要全力投入

很多公司都采用"雨后打伞"（end-loading）型工作模式。起初都是一个人单打独斗，公司开始也不重视，慢慢地很多人都会参与其中，到了最后才汇报结果。

采用这种工作模式的人，一开始兢兢业业地完成了自己能做的工作，到了"一切都要靠上司的裁判来决定"的阶段，最后得到的上司的回答则是"你的这种做法是行不通的"。没有抓住重点，就投入庞大的资料的制作工作中，当上司冷不丁地告诉你："呃，你居然会关注这样的问题，我觉得你做的这个，根本就不需要！"不管怎么说，你迄今所做的所有努力都付诸东流。

在这种情况下，通过细致的"前期投入工作"与上司进行充分的交流，确认工作目标和工作环境，一开始就要切中主题，有效地规避"最后的不断修改和重做"的严重事态。否则，你的前期付出可能因之全部白搭。

做"前期投入工作"时，首先有必要和上司进行有效沟通。在公司和企业中，往往是越往上走，解决问题的自由度越大。在上司那里，很多问题都不会卡壳，而且信息量更加充分。在一项工作的起步阶段，将上司的意见带入进来，你的创意就能大显身手，视野就会更加广阔，生产效率也会大大提高。

还有，某些企业的模式是，在工作的进展过程中不断让其他部门加盟。我的观点是，如果需要合作，最好还是在一开始就将其他部门邀请进来。

在工作的进展过程中，突然发现"哎哟，这里的工作和总务有关联"，于是乎急急忙忙地联系总务求助；等到下一个环节，又发现"哎哟，这个问题必须和经理进行确认"，于是又跑去找经理……与其这样阵脚大乱，还不如在一开始就全部做好预案。在起步阶段，将有关部门的所有关系人集中起来，做好事先准备，最后的结果肯定会更好。

不管怎样的日程，不管任何事务，抑或是以怎样的顺序来开展工作，我认为在起步阶段就要进行信息共享，这比在工作的半途中不断求助于他人，工作效率肯定更好。我们此时得到的信息和协助的效果，自然也会更加符合期待。

20. 行动变革的要点：
再麻烦也要重视"团队协作"

错误的努力＝沉迷于一个人的工作

"努力就是一个人兢兢业业地工作。"

很多人对于工作都抱有这样的印象。和周围人或者同一团队的其他成员协作，也是另外一个重要的因素。

即便是决定借力经营，如果缺乏相应的条件，要做出"正确的努力"也无疑是十分困难的。不能与团队其他成员精诚合作，也是无法得到好的结果的。

在麦肯锡也存在这种情况。面对工作任务，有的人研究能力精湛，也擅长单打独斗。一旦要和其他人一起从事某项工作，他们就会局促不安。这种类型的员工既不擅长和别人一起工作，也不擅长被别人拉入团队一起工作。

倘若在以前，像手工艺人那般，总之只要把某一项技能练得精益求精，那么他的工作自然是顺风顺水。不擅长协力工作的人最适合的就是手工艺人的工作，但是，集体性的协作往往需要五种高超的技术，甚至是十种高超的技术。某一个环节或许一个人可以独立完成，但是全部工作都让一个人去完成，显然是强人所难。

在企业战略和商品开发等方面，很多经营者都展现出超乎常人的优秀的创造力，还有一些人堪称天才。

我在工作中遇到了很多能力优秀的经营者，他们善于结交朋友，彼此之间互相帮助，还能催生出非常好的创意，这是非常理想的状态。从别处不断得到新鲜的刺激和启发，将其他行业的人士、商务行业以外的朋友、故朋新友都悉数纳入自己的工作圈，他们总能不断激发出比较好的创意点子。

要做出"正确的努力"，这就要求我们不仅能独立完成某项工作任务，还要善于广交八方宾朋，文武兼备，如鱼得水。

"对于团体协作，我真的一点也不擅长。"如果你发现自己有这样的症结的话，就应该有意识地经常参加各种团体性活动。"这项工作我一个人就能完全搞得定！"尽管有时候会出现这样的情况，但是我们还是尽量地邀请别人加入，没准某个节骨眼上，你又能收获崭新的创见呢！随着与他人协作方面能力的加强，你的不擅长交往的问题将可以克服，你工作的疆域也将得到很大程度上的拓展。

那些优秀的足球选手，不管个人的带球（dribble）能力多么卓越，都只有结合精彩的短传（shot pass），才能以最快的速度将足球传送出去。商务运营的情况同样如此，只有游刃有余地运用好手里的人脉关系，才能更有效地接近工作目标。

21. 行动变革的要点：
排除"风险"

错误的努力 = 认为谁都可以胜任

    战略在本质上就是一种选择，而选择在某种程度上就是一种舍弃。因此，我们要对时间进行有效的划分，首先不要闷头去制作那些毫无意义的文件。在很多关键的时刻，可以因地制宜，舍弃一些眼前的利益。对于这一点的重要性，我们必须清楚地意识到。

    要彻底摆脱"错误的努力"，应该拥有很多相关的信息。在和上司确认后，立刻决定哪些是必须要做的，哪些可以舍弃掉。这是最便捷的办法。当然了，更多时候，还是要依赖于我们个人的有利判断，有时候也要邀请上司帮助我们一起做出判别。

    这个问题一定要这么去做。一旦做出这个决定的时候，意味着我们也承担了相应的风险。什么环节无关紧要，可以省略掉，最终的判断还是要靠我们去审视。

    当然了，如果工作中你一点风险都不愿意承担的话，那么你绝不会做出"正确的努力"。

    "那些必须做的工作"，真的就是必须要做的吗？要做出正确的判断，还是要思考这个问题谁能够做出最终的决定。

当我们的上司或者熟悉工作的同事告诉我们"这些工作必须去做"，而你自己却并不那么认为的时候，由于个人的判断和思考的差异，就容易催生出分歧（gap），你要直接表达清楚自己的见解。

你们充分交流之后，如果分歧被化解的话，那是最理想的情形。当然也有可能依然无法消除分歧，后一种情况通常也是司空见惯的。

这种时候，很多人就感到有心无力，感慨"真是没有办法的事呀"。也有人会固执地认为自己的做法是正确的："虽然你们不认可我的做法，但是我不改初衷，依然按照自己的方法去做。"不管怎么去选择，抉择权利在我们自己手里。这种时候，我们也要将自己的对工作的认知程度和对方判断的影响程度悉数考虑进来，再做出自己的判断。

然而，这不是意味着你的坚持就不会遇到挫折。认为"这些工作必须去做"的主张者是谁呢？是依据什么样的标准来判断的呢？有没有什么不适用的情形呢？如果判断的依据不是来自上司等特定的人群，也没有什么具体的意见，当听到如下一些似是而非的话的时候，我们一定要警惕了：

"我平时就是这么做的……"

"以前就是这样的……"

因为这样的理由会让我们觉得"这件事情非做不可"，我们会完全被这些话所左右。这些情形都潜藏着诸如思维定式的壁垒和组织机构的壁垒等陷阱。

如果你因为这样的原因而执意去做出判断的话，周围的人会怎么看待你的行为呢？

你坚持的"大家都是这做的"的判断，会被大家认为是"错误的努力"。看到固执己见的你，你的上司、同事和团队的成员肯定会对你颇有微词，对你的信任度也会大打折扣。

别人或许会这么评价你："就这样着急地想做完工作回家吗？""这个家伙协调性真差呀！"

尽管你依靠自己的信念完成了工作，但认为你所做的毫无价值也大有人在。在这种时刻，你有必要向他们逐一解释你这么做的理由是什么，从而得到他们的认可。

关于如何去应对，经常会有人质疑你的所作所为："为什么一定要和大家不一样，做着不相同的事情呢？"这个时候就需要你的解释说明了。当然，你也可以忍受他们的不解，"因为我坚信自己的所作所为是正确的，在我得到最终的成果之前，即便大家误会我，不看好我，我也不计较"，这也是一种可供选择的方法。

有关自信和他信的问题，在本书前面做过详尽的表述。这二者的获得都有赖于你的工作的实际成绩。如果你得不到预期的效果，很多人就会觉得"那个家伙完全不知道什么是'正确的努力'"，要想得到别人的理解，自然是非常困难的。那是因为，在最终的结果出来之前，无论是好的结果还是不好的结果，谁都无法言之凿凿，充满着各种可能性。

如果在进展途中被否定，或被上司斥责，你也应该能预想到。如果你没有这样的风险承受能力，是无法做出"正确的努力"的。这一点一定要心中有数。

选择一种方法，意味着我们就要舍弃其他方法。"就算选择了最保险的方法，也是有可能栽跟头的。"这是在任何工作中都会出现的情况，这种时候只能自己相信自己，选择继续前进。即便途中遇到杂七杂八的困难，也一定要坚持到最后。

　　还有一种情况，就是开始自信满满地去工作，但最后的结果却不尽如人意。如果不能展示出你这么做的效果在哪里，你就无法让周围的人改变他们当下的工作方法。

　　这么想来，追求"正确的努力"，在某种程度上就是选择了非常大的风险。

　　尽管如此，自己从遭遇的失败中获得教训和总结，那也是十分重要的。我们一定要坚信我们的工作是为了"正确的努力"，不动摇决心持续工作到最后关头。我们要把眼光放得长远一些，这样我们一定会慢慢掌握高效工作的方法的。

22. 行动变革的要点：
精心打磨"最擅长的事情"

错误的努力 = 张弛无度的工作方法

"正确的努力"，离不开工作上的张弛有度。所谓的张弛有度，指的是"两个相反的事物间互相搭配与组合"。

总而言之，某些时候全神贯注，某些时候放松自我；某些时候冥思苦想，某些时候付诸行动；某些时候单枪匹马，某些时候集团协作；某些时候中规中矩，某些时候天马行空。凡是那些善于进行"正确的努力"的人，都十分擅长这些方法上的调整和区分。

这和优秀的赛车手能准确地区分和使用油门踏板和刹车是相同的道理。在直线行驶的情况下要油门全开，这种时候要不假思索地放下手刹，根据情况给足马力和强度，才能在最短的时间内抵达目的地。

要想掌握张弛有度，就要精心打磨"自己最擅长的事情"。

不论是数字分析还是计算营业所得，锁定这些，像踩踏油门踏板一样，对自己的技术精打细磨，揣摩在什么时候使用最佳。

如果你是那种特别擅长数字分析的人，前期准备也要因人而异，花费时间做出令人惊叹不已的数据分析。计算营业所得的部分，采用这种方法也是可以的。另一方面，如果你特别擅长与人交往，与其将时间花费在数据的制作上，还不如选取重要的人物，通过访谈的形式获得创意上的启发。但是后者往往是比较花费时间的，但也不失为一种"正确的努力"。

就这个意义上来说，我们没有必要"总是做着相同的全力投球的准备"。我在麦肯锡工作的时候，不论是公司内部的讨论还是与咨询师们交谈，我深深陷入一件事情的时候，会不动声色地将前述的工作逐一先做好，对此我也是心知肚明的。结合周围人的看法来做工作也是可以的。

无论是公司内部的会议，还是部门的碰头会议，每个会议的重要程度也有所不同。我们没有必要事无巨细地将所有的会议都当作最重要的会议。如果"这个会议对我来说是十分重要的"，那么就要全力以赴。否则，就要学会张弛有度，不要将过多的精力投注其中。

比如说，与其源源不断地提出创意，还不如将大家的意见归总起来，在形成统一意见后，投注精力进行工作。

第一阶段，要意识到自己最擅长的地方在哪，或者说如何来精于创造。

第二阶段，要张弛有度。要充分地重视这个阶段。

23. 行动变革的要点:
头脑与身体的"步法"相悖

错误的努力 = 过分依赖脚踏实地

要做出"正确的努力",绕不开思考与行动这两个关键的环节。

考虑各种各样的因素,对我们的头脑来说,有助于创出好点子。

参与各种各样的工作,对我们的身体来说,则有助于创出业绩。

思考与行动,哪一个方面得不到有效重视,或者有失偏颇,都无法做出"正确的努力"。

想出好点子有赖于我们思考的柔软性与多样性。那些柔韧度好的、思维层面宽广的思考,往往可以获得好的成果,或催生出好的创意。

创出业绩并不是要我们做好多工作,要去结交很多人物,而是要求我们的工作具备更多的"大胆性"与"迅捷性"。

我们可以试着询问那些能做出"正确的努力"的人:"上周你都做了些什么工作?"他们的回答可能会让我们惊愕不已。

举个例子:我曾经问过麦肯锡的后辈同事,他在工作中成绩卓越,非常优秀。"你今年的暑假是怎么度过的呀?"他的回答居然是:"为了去买一款汽车的零部件，我专门出了一趟国……"

我的这位同事酷爱捣饬机动车。通常我们喜欢汽车，最多也就是喜欢赛车呀、参加车展呀，最疯狂的莫过于去飙车吧？但是很少有人疯狂地为了一个汽车的零部件专门出国的吧？

当然，时间和经济没有问题的话，是不成问题的。对于那些有经济实力，但又无暇顾及的人而言，一般也还是无法做到的吧！

于是，我继续咨询其他优秀的员工相同的问题。有人回答我："上周我跑遍了作为委托人的制造商的二十多家工厂。"这家生产商的工厂遍及日本全境，这个员工居然能在短短一周的时间内跑遍全国二十多家工厂。

除此之外，他还花费一周的时间，马不停蹄地对这家制造商的商务运营员进行了调研。他这么做，其实并没有直接的工作目标，而是仅仅抱着"为了解决一个问题，我要寻找到与之相关的重要情报"的信念而已。

要做出"正确的努力"，必须讲究工作的方法。这个问题在本书的第四章将会有专题论述，都要根据我们自身的步法轻重度、出其不意的程度以及果敢的水平做出判定。这些都是做出"正确的努力"的重要的先决条件。

第二章　建立有效的问题解决机制，催生正确的思考方法

如 何 做 好 "接 下 来 行 动" 的 思 考 方 法

24. 目的与课题：
准确抓住"目的"的真意

错误的努力＝浮皮潦草地认为"指示＝目的"

要做出"正确的努力"，就有必要进行"效率较高的思考"。那么，要怎么做才能实现这一点呢？

毋庸置疑，思考的重要性无须多说，但是一味地天马行空般地胡思乱想，显然是不符合"正确的努力"的要求的。

相反地，或许会有人这么认为："商务运作靠的是行动，首先在于行动，要马上投入行动。这是商务运作的核心要义，完全可以一边行动一边思考嘛！"对此，我持有不同的见解。

与"正确的努力"息息相关的是高效率的思考。主要分为目的、境界条件、课题三个要点。

为了什么？在什么样的范围内？思考什么问题？如果真的要一边思考一边付诸行动的话，就会在完全不清楚目的的情况下仓促出发，这真是一个愚蠢的行动。

如果没有找准时机，错误地找到一个目的的话，即便你付出了超出别人数倍的努力，也是白搭的。

除此之外，在行动之前还应该确认自己的行动被限制在怎样的范围内，这是条件（或者境界条件）。如果连这一点也不清楚就急忙去努力，那你很可能随时做出无效的努力。

不仅如此，为了达成目标而忽略了思考相应的课题，那你也无法做出"正确的努力"。如果搞错了课题，即便是解决了其他所有问题，你仍无法取得预期的效果。

有的人或许会执拗地认为："每项工作的目的都大同小异，即便不去思考，我也能猜个八九不离十！"这种先入为主的观念往往是个陷阱。

举个例子来说吧！公司的高层通常会让部门负责人思考"解除公司运营赤字的良策"，乍一听，很多问题似乎都是不言自明的，领导的目的也十分明确。其实仔细思考，远远没那么简单。

"因为短期经营的缘故，接下来的目的是要将赤字消灭。""要求所在部门的经营利益实现根本性的强化。"

如果对目的判断错误的话，误解了提出问题者的真正目的，思考的人也会遭遇某种意义上的风险。

因此，在做出思考、付诸行动之前，应该对自己接下来要做的工作的目的进行再三地确认。总之，正确把握这一点，是非常必要的。

25. 目的与课题：
拓展"境界条件"

错误的努力 = 工作囿于"能做到的范围"

确认目标，为了实现这个目标进行相应的努力，此时还要意识到一个重要的问题，那就是境界条件。也就是说什么样的事情可以做，什么样的事情不可以染指。

举个例子，可能会出现这样的情况："我们公司不进行直销的业务。""因为我们公司是制造企业，所以根本不可能进行零售。"

在境界条件中，有的理念是自创业伊始就确立了的，有的理念是"好几年前，为了改善企业的运营，作为企业的政策方针，就这样一直沿用下来的"。

当然了，不管是哪一种，在全然不顾及境界条件的情况下就仓促追求目标的实现，那就是一种"错误的努力"。

你因为不了解本企业的境界条件而大费周章地提出一个"扩展网络销售"的企划书，上司可能会这样说："唔，我们企业是没有进行产品直销的业务的，你这个提案无法实施。"直接将你的一番努力全然否决。

但是至此为止，这些还是比较基础的问题，为了不做出"错误的努力",就要有意识地准备"防卫战略"。

比较高级的就是"攻防战略"。在明确境界条件的基础上,有效地扩展业务。

"虽然说绝对不允许进行产品直销,但我们可以设一个期限,在网络上尝试销售产品。这样一来,销售总额会达到××日元,但是我们的广告宣传费只有×日元。从这个数据来看,我们一旦真正地开始网络直销的话,那么我们的产品销售量就会增加××%。"

如果像上述方式这样进行提案,我们或许会变为特例,得到上司的认同。

对于一个公司而言,如果它的境界条件在不断发生变化的话,就会导致工作效率低下,所以规章制度不应该进行频繁地更迭。但是,当经营战略进展期间和新项目开发伊始之际,境界条件该如何发生,又是何等程度的变化,这一点应该引起足够的重视。

在麦肯锡,我的前辈同事曾经语重心长地对我说:"一定要认真思考怎样掌握境界条件的幅度。"如果所在企业销售商品的价格处在行业平均水平,一不留神,那些成本低(low cost)的商品会立刻成为利润最高的行业黑马。不仅仅是商品价格,售后服务、商品的性能、质量、成本问题都要悉数纳入考量,争取让商品实现生产商和用户两方面的共赢。

这个时候,最应该聚焦的,是怎样调整境界条件的幅度、调整多少幅度能获得成果、怎样能增加销售量和销售利润。这些因素都要考虑进去。

总之,合理地突破企业的境界条件,从而大大地拓展商业运作的范围,这在业界也并不是罕见的。

26. 目的与课题：
共识"目的"和"境界条件"

错误的努力 = 以浅显的"计划"推进工作

就目的和境界条件而言，不仅我们每个人都要充分认识清楚，就是与我们共同工作的合作团队也应该对此了然于心。

我做咨询师的时候，所履职公司的董事和部长的提案，与经营高层所期待的目标，很多时候也会有出入。每当面对这样的问题的时候，我只能将工作的目的与两方沟通，达成共识。这样的案例很多。

书的前面提到的上司下达了"解除运营赤字"的指示的例子中，我们对上司的真正目的进行了分析。如果不能够明确上司的意图，工作肯定会和上司的期待相背离，于是就会很容易产生罅漏。

在上司与部下之间、不同部门的协作期间，这种情形都是大同小异的。我们要在一开始就尝试去互相理解、有效沟通。

发出指示的人和接受指示的人基于不同的目的共同工作，他们对境界条件的共识也不尽相同，经常会出现小的团队中频繁出问题的案例。在这样的情况下，不论双方再怎么通力协作都无法达到预期的效果。

道理说起来十分简单，这就是在"目标"和"境界条件"上达成共识，然后开展工作，这样才有利于做出'正确的努力'"。

当然了，上司也分为善于指示工作的和不善于指示工作的。

有的上司也会在完全不了解目的和境界条件的情形下，草率地发出指示。也有的上司的指示语言抽象晦涩不明确。还有一种上司，因为他没有参加部下的团队工作，根本提不出什么像样的指示。这三种情况都很多，如果本书的读者中有人担任所在公司的上司，请一定要好好衡量一下自己指示工作的方法是否精准。

如果你是接受指示的一方，当上司的指示糟糕透顶，那么你应该就所谈的问题进行有效的纠正和正确的定义，这是非常必要的。

首先要确认"这次的目的是什么"，然后搞清楚"这种情况下，什么是这项工作的境界条件"。最后对调研结果、调研期限和与其他人的互相配合等问题，都要做到心中有数。

这么一来，可能工作一开始会特别烦冗絮叨，但是此举却提高了接下来的工作的精准程度，所以这么做是非常有必要的。如果工作是团队来完成的话，我认为最好一开始就举行个初期碰头会。

27. 目的与课题：
行动之前先寻找"课题"

错误的努力 = 无的放矢

在明确了目的与境界条件之后，接下来就该从中找出正确的课题。

也就是说，在该境界条件的范围内，为了达到项目的目的，必须想清楚要解决什么事情，要克服什么困难。

课题当然是多种多样的。我们不仅要从中挑出所有符合条件的，还要在此基础上进一步筛选出重点课题。即找出"只要解决了这些问题，就能达到七至八成的目的"的课题。

若不考虑课题的话，将会导致具体行动偏离目的，引起错乱和抵牾。

"为了消除财政赤字，就应关闭经营赤字不断的九州分工厂。"

"为了消除财政赤字，应将生产基地转移到东南亚才妥当。"

在上述这样的情况下，通常都会有相应的浅显易懂的对策。但是，倘若不详细地对真正的课题进行调查的话，即便我们采取了行动也难以奏效。

很显然，关闭了九州分工厂，总公司就会减少拨付的固定费用。

而转移到东南亚开办工厂，制造成本则会大大地下降。

但是，我们有可能忽略的是：在其他方面也许还存在原因，这些原因可能是引起财政赤字的更本质的原因。

将生产基地转移到东南亚，也许会产生库存及增加物流费用，或产生其他支出。而九州分工厂赤字不断的根本原因，也许在于该分工厂正在尝试性地引进新产品的生产线，而且效果不佳。

说到底，企业运营的课题本身就具有这样一种特有的性质，即不能按预期定价销售，立刻就会进行降价处理。问题的症结并不在于产品制造的成本上。

弄清了这个课题后，只需考虑解决的方法、采取的手段即可。为此，抽出时间、腾出人手，就能做出与成果息息相关的"正确的努力"。

不弄清课题就仓促采取行动，正如同没列出购物清单就急忙跑去买东西。临时想买什么就买什么，这样的行动方式不仅浪费时间，还可能导致该买的没买，不该买的又买了一堆。

胡子眉毛一把抓的努力，貌似行动迅捷，实际上是欲速则不达，白白地花费了宝贵的时间和体力。

28. 目的与课题：
根据自己的判断筛选出"重要课题"

错误的努力 = 专注于所有课题

在遴选课题时需要注意的是，切忌过分拘泥于分析。

"为了达到目的，我们统揽所有课题吧！"像这种没有节制的分析，将会误导你进入"思考的森林"，并且迷失其间。

比方说，在思考"为什么会出现多达二百亿日元的赤字"这个问题的时候，我们就会进行"问题究竟出在哪里"这种漫无止境的分析行为。例如会有"回想一下，过去发生的事都有哪些？重新审视经营战略和工厂的运作情况，是否有问题？还有商品开发的进展状况。必须对企业的现状进行分析，还要与同行公司进行比较和讨论。除此之外，还有海外工厂的现状如何……"诸如此类的各种思考。

按理来说，应该找的是能够达到目的的关键课题。然而，我们很容易陷入列举无数课题的泥潭之中，不能自拔。"这个点是一种课题，那个点也是一种课题，它们又是什么原因引起的呢？"像这样，课题的寻找就成了自我目的化的过程。

越是思考缜密的人，越是容易做这种"错误的努力"。

只要我们拿出时间来进行分析，就能找到各种各样的课题。但是，如果要将其作为议题进行深入的讨论，也未必会对提高对策的精确度起到作用。问题的核心点在哪里？有些时候，得出答案需要依靠我们的知识和判断。

多数经营方面的判断，依靠的是社会科学，而不是自然科学。因此无论怎样进行分析，都无法确保得到绝对正确的答案。

有时候矛盾对立，有时候含糊难辨。但是，我们只能在此前提下进行课题数量的筛选，否则，就和普通的实验分析工作者的工作没有什么两样。

在思考课题的时候，脑海中必须有选取和舍弃的判断。

换句话说，在你面前摆着 A、B 两种课题，你必须做出决定，从中选出哪一种更为重要。

我们一定要扔掉"这是我根据当前所掌握的信息而得出的我个人的一些看法"的想法，时刻做出合理的判断。我们不妨从平时开始，试着练习一下！

凡事不要执着于追求正确的答案，而是要养成并拥有属于自己的论证习惯。

29. 洞察与假设：
收集"七成"信息

错误的努力＝收集所有信息

在思考的时候，围绕着目的、境界条件、课题的顺序展开，这是进行"正确的努力"的最低要求。而对于商人来说，需要获取更高的运营利润，这个时候就必须掌握"根据情报做判断"的做法。简单来说，如下所示。

①收集信息。

②从信息中获取并洞察内涵。

③创立属于自己的假说。

④研究、验证该假说。

⑤输出自己的判断。

突然提出"收集信息"这一话题，对一些读者而言，可能是过于遥远的事情，估计很多人也不知道该怎么着手吧。

要高效收集信息，其要点主要有两个：

其一，创建情报收集体系。

为了能够广泛收集与所探讨的课题有关的信息，灵活地运用框架体系（framework），是十分有效的。比如说 3C 框架体系，它包含顾客（Customer）、竞争对手（Competitor）、公司（Company），依靠这三点，就能了解到工作和业务的环境。

假设你是一家啤酒公司的商品开发者，现在正在思考"如何设计面向东京奥运会的商品"，为此需要进行相关信息的收集。

在这个例子里面，顾客（Customer）即要收集关于"消费者"的信息。比如收集 2020 年的人口数量、年龄层分布、家庭数量、家庭构成等这类基础信息。下一步以与啤酒相关的消费者的动向为基准，调查在饮食、含酒精饮料或所有饮料方面的消费趋向。紧接着，调查与啤酒业相性不合的减肥、养生方面的情况。

在竞争对手（Competitor）方面，思考对手公司可能会做些什么，并收集好这些信息。或者调查在之前的奥运会和国际体育赛事上，对手公司都卖出了哪些商品，又是如何销售出去的。由此来展开进一步的思考，在奥运会这种大型赛事上，对手公司进行了哪些宣传活动？蕴含怎样的市场营销学道理？并对此进行相关研究。这也不失为一种行动的方法。

在公司（Company）这点上，要在本公司的运营业绩、能力强弱的基础上，把握好面向 2020 年东京奥运会的战略目标，以及企业的改革方向。例如开设新工厂、开发新技术、扩大售卖网等方面。

在 3C 的其他方面，可以以因奥运会而"变化的事""会发生的事"为切入点，对奥运会的赞助商、奥运村、赛场内外的商店等元素，展开详细的调查。将调查范围扩大到可能会间接带来的各种变化上，比如，在运动赛事的热潮下，调查消费者是否会热衷于健康养生、相应的啤酒销量又会发生怎样的变化。再比如，东京奥运会能吸引到大批的外国游客，他们是否能成为啤酒产品潜在的消费群体？

如上所述，"与奥运会赛事直接相关的事项"和"与奥运会赛事间接相关的事项"，都会成为我们进行调查的主要切入口。

当今时代充满了海量的信息，不论是在事业战略上，还是在产品营销上，通过收集信息，我们就能做出更好的判断。因此，我们应该重视这类信息的收集。

但是，与前面谈到的"课题"一样，信息并非是越多越好。收集信息的行为本身也是无止境的，也永远看不到终点。

如果收集的信息数量过多的话，就会产生一些互相矛盾的信息。而要分析这些信息，相应就会消耗掉大量的宝贵时间。所以说，在这里笔者建议大家，能收集六到七成的信息，然后根据这些信息进行判断，这已经足够了。

因此，这就引出了高效收集信息的第二个要点，就是在建立信息收集体系后，将挖掘出来的信息进行有效的取舍。

对 3C 做了一整套分析后，有可能发现关于市场的信息较少，那么你就可以把工作的重心放置在此处。大家无须过度拘泥于捕捉所有 3C 信息，可以在搞清总体情况的基础上，深入挖掘竞争对手的多方面信息，并进行筛选取舍，其间要做到张弛有度。

信息的收集工作，一方面是永无止境的，另一方面由此产生的想法输出却是简单明了的。随着手头的信息不断地积累，你就会发现在工作中，这些信息的用处很多。同时将收集到的信息作为研究资料进行思考的话，信息也就开始有了价值。

因此，信息收集与想法输出的交互实行，是十分重要的。

收集信息进行思考，并进行了各种论证，针对论证又继续收集信息，再将所得的结果用来验证、修正论点，使之不断升级提高，然后再继续收集信息……如此反复循环，一步步向前推进。这种收集信息并思考问题的模式，是本节最想提倡的。

30. 洞察与假设：
从各种各样的观点中"洞察"出信息

错误的努力 = 人云亦云的观点

所谓洞察，指的是"从信息中提取出的本质内涵"。

信息本身就具有价值，但真正的价值是通过洞察这一过程孕育而生的。打个比方，一千个人拥有同一条信息，其中的十个人通过敏锐的洞察推导出独特的见解，这才使得信息的价值最大化。

假如为了迎接东京奥运会的举办，公司委派你调研一款正在开发的啤酒新产品。在对消费者进行调查时，数据结果显示：大部分消费者都十分看重"健康""持久性""普遍性""多样性""纽带"等这些关键词。通过这些词汇，我们就能看到人尽皆知的信息。如果不能从中提取与他人不同的独特的东西的话，我们手里拥有的信息价值就没法得到提升。

话虽如此，能进行独特的洞察却不是一件简单的事。因为我们在分析信息的时候，往往容易做出肤浅潦草的洞察。面对一条信息，人们十有八九会将同样的内容当作是自己独特的洞察。

对"东京奥运会将吸引大批外国游客"这条信息进行洞察后，得出"具有日本文化或生活气息的商品将会非常畅销"这样的结论。其实这是一种平淡无奇的毫无价值的洞察，因为人人都会想到这一点。做不出原创而独有的洞察，掌握的信息就不具有价值，在商业竞争中，也就没有优势可言。那么，怎样做才是正确的洞察呢？

有些人天生就拥有独一无二的洞察力，但包括我在内的大部分人都不具备这种卓越的才能。身为普通人，在经过大量关于洞察的训练后，就能够具有良好的洞察力。

这种训练方法就是："尝试用不同的角度看同一条信息，由此洞察出不一样的线索来"。

"这条信息对工作有什么潜在价值？对我们自己而言，又有什么内涵可供挖掘呢？"

"同一条信息，在自己的妻子（丈夫）看来，又会具有什么意义呢？"

若是领导、竞争对手、本公司的研究人员、经理，会分别从这条信息中得出怎样不同的结论呢？若是某个人的话，又会如何看待这个问题呢？类似这样，不断变换着立场去思考问题，就是训练洞察能力的最佳方法。

毋庸置疑，从多方面考虑问题是一件挺困难的工作。不过在这里，笔者还是希望大家多多采用这种方法进行训练。

31. 洞察与假设：
通过洞察架构"假说"

错误的努力 = 无论何时都拿不出自己的观点

通过洞察行为，然后得出属于自己的见解，并将它们组合起来，构架假说（或者说是假设）。

举个例子说明：从前文所述的消费者调查结果中，假设我们可以洞察出"在东京奥运会这种大型运动赛事上，人们不分年龄、性别、国家聚在一起享受欢乐时光，越发显得重要"这条信息。

更进一步说，我们还要对竞争对手动向的调查结果进行分析，从中洞察出"针对东京奥运会的啤酒新产品，我们的竞争对手也要放手奋力一搏。他们甚至大胆地将原有的产品方案全部推倒重来，制订出新的产品计划，这可能将成为制胜的法宝"的重要信息。

在这样的基础上，就要我们立刻对本公司的强项等方面做出洞察，再将所得的结果进行整合，综合提出"开发男女老少皆宜的新品牌"这一新课题。将"按原有制造方法，生产出具有不同口味和酒精度数风味的、多种类商品群"作为战略方向，并创立假说。

就像这样，将各种洞察出的信息进行有效整合，例如关于"课题的内容是什么""为了解决课题应该怎么做""会具有哪些潜在风险"

等一系列假说，就这样应运而生了。

不管面对什么事情，例如"思考能够达成目的的课题""考虑解决问题的对策""在实践基础上思索课题"等，都要坚持贯彻自己的假说。

与洞察相同，平常我们应具有不断提出假说的意识，并将它当作一种训练方法来实践。在习惯了这一方法之后，我们渐渐地就能拥有大量的自己的独家假说了。

另一方面，一旦脑海中浮现出一个不错的假说，我们往往会对自己的独出心裁深信不疑。

然而，必须明确的一点是，任何一个没有经过极其细致的洞察而得出的假说，未必一定是对问题的最终解答。

我们不仅要意识到这只是一个假说，另外还需要对它的重要部分进行验证。总而言之，这里的假说也不过是自以为是的不成熟的思考罢了。如若不然，很有可能会造成歪曲的判断。这时如若还继续一意孤行，那么最终只会招致不可预料的失败。

尽管我们不太可能对全部的假说都做出验证，但是，在重要判断的分歧点上，我们还是要尽可能地去检验。

32. 洞察与假设：
构建独家的"假说"

错误的努力 = 纠结于资质平平的假说

在构思假说时，应该将目标放在如何来创造自己独有的假说之上。

若要解决以前没能解决的问题和课题，或者意想取得更高的成果，那么就很有必要思考过去的行动中所遗漏的东西。

如果你思考的创意（假说），其他的竞争对手同样也能想得到，那么在商业竞争中，你的思考就无法取得成功。这种情况下，不论怎样去详细深究那些平淡无奇、资质平平的假说，都无法促成改革上的创新。

那么，上乘的"独家假说"，究竟是如何产生的呢？

要做到这一点，首先我们要具备各个领域的知识。

但凡那些能够随意灵光一闪就能蹦出"独家假说"的人，身上都有一种特性，那就是对各种事物都储备了丰富的知识。面对一个课题，信息一旦输入他们的大脑，一瞬间就会被分类到相应的领域范畴内，经过迅速匹配后，"独家假说"便应运而生。

我们从表象上看到的，是别人凭借他们的直觉脱口而出，不论是理论还是数据资料都信手拈来。但是实际上，如若没有大量知识积累作为背景的话，根本不可能有如此精确且具有说服力的表达。

而像那种毫不相关的知识积累，完全靠着灵光一闪的直觉做出优秀的"独家假说"的人物，恐怕是一万个人当中都没有一个的吧？

通常来讲，相关知识积累得越多，工作上越容易快速提出优秀的"独家假说"。就算是刚入行的新人，在多次接触全新的工作后，也同样能够做到这一点。

若是在一个团队内，大家通力合作一个项目，每个人都参与其中，这样可以更快地创立优质的"独家假说"。

年轻成员往往是在工作的最前线努力，因此他们更加擅长于各种信息的收集。

另一方面，老手们则更善于洞察信息和发现更优质的假说。从这个意义上而言，这一定程度上与工作实践上的熟能生巧有关吧。

而作为企业的领导，则需要对眼前所有的"独家假说"做出取舍，并督促所有成员进行相关的验证。

33. 洞察与假设：
用写写说说的方式来"强化"假说

错误的努力＝固执地坚持自己的假说不改变

　　要验证假说的正确与否，不光要靠大脑来思考，还要明确地将想法进行言语化表述。头脑中的设想有时候天马行空、含混不清，但是要将它转化成文章确定下来，就没办法敷衍了事了。我们要试着更加明晰地弄清楚自己的假说究竟想说明什么问题。

　　言语化不光依靠书写，更简单的做法是与其他人交流。不过，在交流的过程中，会因不同的讨论氛围而捕获到不同的信息，也有时一个人说着说着，无形中又补充了许多额外的内容。所以，在追求明确度和理论构成的缜密性上，书写比交流显得更加严谨。

　　另一方面，与人交流意味着将产生对话和议论，自己的假说就有机会在这过程中得到进化和提升。也许有时候我们自己的观点会被彻底否定，被否决得一文不值。在这种时候，我们还总抓着一个无益的假说不放，那真是非常愚蠢的事。

　　我们应该认识到书写、交流的各种优点，并积极利用它们。

　　下面，针对强化思考假说的实际能力，我要说说它的训练方法。

首先，我们要确定某一个具体目标。可以是当前着手的工作、将来想做的工作之外的活动，也可以是兴趣爱好之类的日常生活中的事项。

其次，我们要思考两个假说："对达成那个目标而言，最重要的课题是什么？""如何解决这个课题？"并立刻将自己的思考记录在纸上。

在手边的纸上迅速地涂写，和用手机或者手提电脑简要记录都是可以的。尽可能地做到措辞简洁而准确，针对"课题"与"解决对策"，分别罗列一些简要记录。这就是一种最简单的"确立假说，并将之迅速地明确化"的训练。

紧接着思考自己为什么会提出关于这个课题和解决方案的假说，分别各列出三点理由和根据并写下来，要尽可能写得明确、具体。这也是一种"理论构成训练"。

进一步利用数据和其他信息对这些理由一条一条进行验证，即"分析、验证训练"。向别人讲述自己已经归纳好的假说与论据，这就是"自我看法传达训练"。

切记这里的文字记录要用最简短精练的文字，而且还要尽量具体地记录下来。

第二天，基于同样的目的，从另外的角度继续做关于该课题解决方案等的假说，罗列出理由，进行训练。当这种训练遇到瓶颈时，我们可以试试转换成其他人的立场进行思考，这就是"多方面思考训练"。

34. 洞察与假设：
用"数字"来验证假说

错误的努力 = 将假说进行到底

假说能够通过验证得到升华，变得更加完美。将验证内容作为假说的论据展示出来，向别人提出建议，也会增加说服力。

对假说进行验证，有着两方面的意义。第一，增加得出更好的解答的可能性。第二，此举意味着向他人证明：这个假说是正确的。

有一个情形，如果你仅仅依靠自身的资本，单枪匹马地搞企业，你所做出的判断和行动的结果也只会影响到自己的话（自己也有承受该结果的觉悟的话），那么将假说付诸实行，是不会存在任何问题的。

但是，如果影响会牵扯到其他人的话，这个问题就要另当别论了。

在麦肯锡公司工作的时候，我经常告诉后辈："顾问就是向咨询者提出对企业业绩造成影响的建议，必须做出能让对方明白的假说验证。为了能让每个人都听懂，验证必须要有逻辑性，因为逻辑是世界的共同语言。"

这种时候，企业顾问就不能像占卜师那样，做出"我就是这样感觉到的""某某就是这样说的"等类似回答。

古今中外，最容易懂的逻辑就是数字。

对各种资料的分析结果进行定量的数据验证，对任何人而言都是通俗易懂的，并具有说服力。

在这里，我们假设某个假说应当会"增加某个地域，或者某个地域空间中地域共同体（community）的重要性"。在对当地消费者意愿调查的关键词中，我们既可以看到关键词在使用率统计数据中发生的变迁轨迹，也可以推算出该地域的人在哪些方面使用这些词汇，并花费了多少时间。我们甚至还可以获得人们通过购买食品，是如何提升当地食品所处的市场地位的数据。

我们有可能还可以获知这样的数据：在当地居民最近的交易中，本地人的比率会占到多少呢？

像上述这种情况，在工作中，我们应该更多地使用各种定量验证的方法。

35. 洞察与假设：
不断"提升"假说

错误的努力 = 急于给出结论

"学习→洞察→假说→验证"，这是思考的基本步骤。

当然，有时也会不进行验证，直接基于假说做出判断和行动。若是日常业务，当收到信息后，就会立即依靠模式化的方法来应对和采取行动。在具体工作中，这也是行得通的。

这一点的重点有如下两个方面：

第一，先正确判断自己的想法是否为假说，是否经过了相关的检验。

我们应该意识到：不经过验证就仓促地付诸行动，这是十分危险的。

第二，要使假说得到提升。

为此，我们要反反复复地思考步骤，在思考的过程中，必要的时候要返回到前面的步骤，这样不断重复的过程很关键。

即便得出一种假说，也要有意识地让它得到进一步提炼和提升，不断取得新信息、洞察出不同的内容。基于这些，让结果得到修正，并加强假说的多样性。不要基于所谓的验证结果而将相关假说的验证当作是一件不言自明的完成品，而是要重新思考，想想能否让它得到进一步提升。

举一个例子，"假说＝房屋的设计图"的案例中，虽然好不容易完成了设计图，但是却发现还存在一些瑕疵，而且不能修复，那么这个时候就得重新开始设计。在能修复的情况下，可以在现有设计图上扩建改造，有时还要补充新的假说和其他备案。

不管怎么说，"将思考日常化"是件很重要的事情。

假说不是天马行空，也不是不言自明，更不是无须动脑花费时间就能一口气完成的东西，而是要保持思考、不断更新知识结构。

建立一个放之四海而皆准的、能解决所有问题的假说，无疑是很困难的。我们只有着眼于当下，重在思考"此刻的判断"，头脑就会变得轻快，心情也会变得愉悦。一想到"这是尽了今日之所能而获得的假说，明天一定会有不同的更进一步的假说在等我去发现"，我们的干劲一定会空前爆棚吧。

比起那些冥思苦想得出的假说，比起那些经过多次更新得到的假说，这样的做法更容易催生优秀的完成品。

36. 思考的真谛：
推下"最有效的操纵杆"

错误的努力 = 倾尽全力于手边的日常事务

到此为止，本章节已经讲述了为做出"正确的努力"应该怎样去思考，以及应该采取的方法。接下来，在已经掌握这种思考方法的基础上，我将结合商务人士的现实工作，从思考的要领和重点的维度来谈论商务中"思考的真谛"。

首先，为了做出"正确的努力"，就必须时刻去想："最有效的操纵杆是什么？"优秀的顾问在说出"来解决这个课题吧"之时，我们首要思考的是，什么是解决问题的最有效的操纵杆？

通常情况下，能产生一定影响的操纵杆往往不止一个。比如在"想改变机构的风气"这种情况下，就会有各种各样的评价制度、组织体制、信息发送等操纵杆。特别在最开始时必须思考的是："谁才是能决定问题的关键人物？"

具体来说，就像"在该公司里，若能出现说服部长的人，这个机构就会发生变化""打动经营部上层，这点很关键"等，不言而喻。

另外，在不做任何探讨的情况下，胡乱草率地推进工作，只不过是在浪费劳动力，做无效的努力罢了。

不论对于方针对策还是关键人物，不能一举拉下全部的操纵杆。这个时候，主要的是要思考哪个操纵杆才是最有效的。在深思熟虑的权衡之后，能否找出这个最有效的操纵杆，这很大程度上将决定成功与否。

在"为了解决问题而拉下操纵杆""为达成目标而拉下操纵杆"的时候，往往容易做出"错误的努力"，即在情急之下"拉下最容易拉的操纵杆"。

比如说，在"部门内部缺乏动力、纪律混乱"的情况下，省略了对"最有效的操纵杆是什么"的认真思考。

在不经过思考的情况下，就给出了"那么就改变评价制度吧""请专家来做培训和训练吧"这样固定套路的点子。非常随意地认为"用这个操纵杆就行了"，并且固执地将这个操纵杆推下去。

也就是说，在没有细查用这个操纵杆是否可以解决问题的情况下，就抱着试试看的想法，并且选择的是固定套路的点子，所以一般也不会得到反对的声音。

因为平淡而无特点，所以更容易被人们接受。一团祥和的气氛当中，就获得了其他人的许可。然而，这样就会在效果不明的"错误的努力"上浪费大量的时间和劳动力，有时还得无端付出大量的资金。

所以，在此我希望大家务必记住"最有效的操纵杆是什么"这个问题。

在此基础上，为了将操纵杆的效果最大化，要在选择好后，迅速麻利地将最重要的操纵杆推下去。

再举个例子，还是"想改变机构的风气"的那个案例。好不容易找到了最有效的操纵杆，即"启用全新的人才是最棒的选择。中途如果需要的话，可以再聘用有实力的人才"，因为时限较长，所以这样的操纵杆就不能一口气一推到底。

因为这个问题还需要上层领导或者人事部的最终裁决。聘用需要资金的投入，聘用有经验的员工还得借助猎头公司的帮助。

但是，如果采取对策的时间晚了，相应的成果也会姗姗来迟。而且随着时间的推移，此时情况到了彼时就有可能发生改变，到时候最佳对策也许不再是最佳对策了。

商业领域每时每刻都充满着竞争，有时为了应对竞争而挑选出强有力的候补聘用者，但是有可能在此期间被其他竞争对手抢占了先机。这种情况下，操纵杆的效果就会下降。

正因如此，对"最有效的操纵杆"持确信态度的话，那么从计划开始到付诸实行，不论多么艰难，都需要赌上一口气，倾注时间、劳动力等各方资源，以迅雷不及掩耳之势将问题火速解决。

迅速且果断地拉下最有效的操纵杆，此时是最棒的做法。当然了，如果选择第二、第三有效的操纵杆，且能够迅捷地推下操纵杆，也会取得相应的效果。

37. 思考的真谛：
事先想好工作的"答案"

错误的努力 = 临时抱佛脚

假设你是咨询团队中的一员，大型制造商 A 公司前来拜访。A 公司向你的公司就人事制度改革进行咨询。

大型企业的经营领域的跨度一般都很大，配备项目部门的工厂、覆盖全国的销售网络、售后维护等服务，业务、事务涉及方方面面。因此，人事制度改革是一项规模庞大的工作。A 公司为此也支付了巨额咨询费，并寄予了很大的期望。

你参加完 A 公司的会议，正要乘电梯返回自己的公司，正好遇到刚刚会议时打过招呼的 A 公司 CEO。他也正要乘坐电梯，于是很爽快地跟你攀谈起来。

"你是咨询公司的人吧？这次人事制度改革的项目有劳你了！"

你满脸微笑做了回答后，CEO 立刻问：

"话说回来，你觉得怎样的改革才是有必要的呢？"

此时电梯已经开始启动，距离到达目的地还有数十秒，此时你会如何回答呢？

在麦肯锡，这是作为顾问的一项基本能力，为了能够保证顺利应对这种情况，日常就进行了针对性训练，被称作"主席的电梯提问"。要应对这一问题，关键点有两个：

第一，不论当时是项目开始的当天，还是项目已经开始了十天，必须要在当场即刻回答出最佳的结论。

而像"还在讨论中呢""因为项目才刚开始，所以……""请等待我们的报告会"这样的临阵回答肯定是不行的。当场说谎、糊弄了事，更不在讨论范围之内。

此刻得到的结论也是结论，即便是说成假说，也未尝不可。但是，从项目启动开始，请务必时刻准备好一些能用上的答案。

第二，因为被雇主的最高领导提问，仅回答了自己承担的部分，也是没意义的。假设在五人团队中，你负责评价制度这部分，你也必须代表团队就 A 公司的人事制度改革做出恰如其分的回答。这就是所谓的"即使是新人，也必须对项目的总体面貌了然于胸"。

保持思考，是提高假说构建能力训练的关键。如果做不到这一点，是绝不能做出"正确的努力"的。

38. 思考的真谛：
当机立断，做出判断

错误的努力 = 超出限定时间做出的答案

前文提到过：要做出"正确的努力"，就需要正确把握"目的、境界条件和课题"等环节。

那么，我们应该以怎样的程序来创造出这些环节呢？

我们每天都要做出无数的判断。有的时候，根据生活积累的经验，瞬间就能做出判断；有的时候，则需要花费时间思考后才能做出判断。

有的时候是自己做判断，有的时候是请上司、同事做判断，有的时候则是让下属去做判断。

"接下来是该继续推进这项工作，还是该终止呢？""应该提出怎样的企划提案呢？""应该和什么样的咨询师去探讨方法呢？"……

我们有的时候自己做出判断，有的时候依赖来自别人的中肯意见来做出判断。在这期间，我们需要意见的碰撞，也需要做好各种记录。

而在所有的判断当中，往往是没有绝对唯一的正解存在的。无论我们怎么思考也无法保证做出的判断是最正确的。

但是，通过认真的思考，却能够使我们判断的精确度得到上升。更好的判断往往能得到更好的成果。

在这里，我最想强调的是，这点我在之前也有所提及，我并不是鼓励大家要马不停蹄地去思考，而是希望大家将它当作一个重要的条件。

"勿烦恼，常思考。"

这句话是我在麦肯锡时，从一位后辈身上学到的。据这位后辈说，这句话是他任职时一位前辈告诉他的。在经过我的稍加调整后，则变成如下这句话：

"勿烦恼，常思考。切忌不要只盲目思考，还要敢于去做出判断。"

在商业领域，思考是头等大事。所谓思考，在某种意义上比判断还要伟大。

在商务方面，在做充分思考的情况下，做出更好的判断，是比什么都重要的头等大事。思考在某种程度上比做判断的地位更高。

尽管如此，在商业运营的思考阶段，在恰当的时机做出相应的判断，同样也是非常重要的。

在重要场合，即使拥有自己确信的答案，我们也往往会因为害怕搞错了，太过于在乎周围人的目光，于是迟迟无法做出最终的决定。

我见识过很多明明十分聪明，却难以做出判断的人士，只能说这是性格所致。

但是，不论是多么难以做决定的事，不管遇到怎样性格优柔寡断的决策者，在商业当中，依然要求在有限的时间范围内做出相应的决策。

而且在做出判断的时候，一定要抛弃那种遇事优柔寡断、畏首畏尾的性格。这个时候，要抱着豁出去的心态才好。

　　不论是否得心应手，要做判断的那一刻终归会到来。我们就在规定的时间内果断做出判断吧！如若不然，我们的头脑里还没形成判断，但截止时间已经到了。面对此种场景，我们还被迫说出自己的回答，这才是最糟糕的。

　　在前文我们提到过"临时抱佛脚的假说"和"这是我今日做好的判断"这两种情况，放到这里来讲，也是同样重要的。

　　通过每天不断思考这些问题，就能不断养成商务人士所必须具备的能力，即良好决断力和高水准的判断力。

39. 思考的真谛:
专注于"脑中所想"

错误的努力 = 省略思考的环节

我们一旦创建了某种假说,就会被自己的想法局限,我们的行为也会因此受到影响。这一点,大家也应该清楚地意识到。

我们之所以会坚定不移地迷信某个假说,第一个原因是"被自己的思考蒙蔽了双眼"。不论是在正式的会议上,还是公司内部的碰头会上,我们总会固执地认为"这是我的准确判断"。一旦我们的判断遭遇否定的话,我们就感觉整个世界因此变得不好了,仿佛我们整个人都被否定了。这和饲养宠物的例子是一个道理。我们总觉得自己饲养的宠物是"世界上最可爱的宠物",正与我们辛辛苦苦地去经营工作一样,与此同时,我们也付出了自己的感情。

当然,这并不算是什么不好的事情。只有我们将自己的感情付诸在工作之上,我们在工作的时候才会倾注更多的热情。尽管如此,我们也要意识到,自己再三坚持的假说未必就是最合适的、最正确的假说。这个时候,我们还需要通过高精密的检验来说明问题。

我们之所以会坚定不移地迷信某个假说,第二个原因是"推倒重来的方法太过于麻烦"。

为假说所囿的第三个原因是"我们太过于坚信自己的思考"。

假说是基于洞察的信息所产生出来的事物。在此过程中，如果能加入别人的意见和崭新的信息的话，那么我们的假说就会变得更好。

但是，那些过于执着于自己想法的人，往往无法接受来自别人的不同意见。

这种类型的人总是不能慎重地做出自己的判断，当别人向他伸来橄榄枝的时候，他总是疑虑重重："这样会变成什么样子呢？"于是他就会用"这个问题呀，还不能……"这样的语句来搪塞。他们的思考方法也变得故步自封，缺乏开放的格局。尽管如此，一旦他们的想法步入死胡同，比起那些推倒重来的想法、那些接受来自别人的解决方案的做法还是更为高效。

执着于自己的想法，最后就有可能判断错误，将思考导向错误的方向。这种可能性也是很大的，这样就浪费了很多的时间和精力。虽然这种类型的人工作起来十分拼命，但是工作效果却成反比。最后所做的工作都是"错误的努力"。这种反面案例比比皆是。

那些遮遮掩掩、不把自己的思考展现给别人的人，往往都是自信不够的人。但是相反地，如果自信心爆棚的话，那又有可能过犹不及，最后变成骄傲自得的人。不管怎么说，性格方面的原因也会是造成执念的重要原因。

尽管如此，要做出"正确的努力"，我们还是应该开放自己的胸襟。这可以说是那些优秀的上司都具备的美好品质。只有善于听取别人的不同的声音、外部的信息，才能够做出正确有效的努力，在自己的工作中获得更好的成果。

40. 思考的真谛：
用实践来发现"具体的创意"

错误的努力 = 在书桌前冥思苦想、捻断万根须

分析问题并不是工作的终结，解决对策的产生才是商业运营中思考的终极目标。当我们"对这个问题进行思考"的时候，我们最愿意听到的是"那么，你觉得该怎么办"的答案。

尽管如此，在企业会议或者部门的碰头会上，还有很多人只满足于所讨论的问题为什么会成为问题，用一系列道理去论证，最后整理成文。

举个例子来说吧。假设你清早起床身体不舒服，于是急急忙忙赶到医院，对医生说："早上起床我就觉得无精打采的，十分倦怠。我是不是胃消化系统出了什么问题呢？"这个时候，医生就会询问你日常的生活习惯，然后做出诊断，辅以各种各样的诊察，并给予我们详细的说明。

"检查的结果是：血压有点高，新陈代谢有点失调。喝了酒又去吃大排档的拉面，你的胃会受影响。另外，运动不足，导致你的睡眠质量也不好。接下来要改掉这些不好的生活习惯……"

当然，这样的医生也说不出他哪里不好。这些问题的分析，并不

是患者期待的结果。血压升高和新陈代谢失调是客观事实，但患者需要知道的不是找到原因，而是需要知道怎样做才能改善这样身体不适的情况。当然后面说到"要改掉这些不好的生活习惯"，乍一听医生说得很有道理，但却是大而空的道理，这些话谁都会说。

商业运营方面，也会发生同样的情况。那些知识结构很扎实的人分析起问题来，的确总是头头是道。有的时候，他们的理论导向的确是我们解决问题的万全之策。

但是也有很多情况是一旦问"首先，你告诉我具体该怎么办吧"，对方往往就会卡壳，不知所措。

我自己也不擅长那些要拿出具体方案的工作。这对于很多理论架构十分扎实的麦肯锡的资深咨询师而言，也是让他们头疼不已的事情。"车到山前必有路，所有的创意都会水到渠成"，估计只有那些智力超出常人的天才才能办得到吧！

假设麦肯锡资深咨询师中的八成都苦于无法给出企业期待的具体对策，但是也不能一概而论地认为这些资深咨询师水平太差。资深咨询师是和企业主互相配合起来工作的，也就是说，他们给予企业主以充分的启发，让企业主去找到具体的解决对策。

要让那些不具备优秀的思考能力的人拿出好的创意，可以从如下三点做起：

第一，要自己认识到"我不擅长具体思考出创意的环节"。

第二，在思考过程的时间分配上做足功夫。

在准备大型的企划提案和汇报书的时候，要在信息收集和问题分析上花费时间。往往在提交提案的三天前，我们就会精神倦怠。如果我们没有做好前期工作并陷入一团慌乱，然后仓皇去做不擅长的工作的话，不管我们的信息收集多么充分，不管我们的问题分析和方案的方向性多么明朗，一切都会付诸东流，得不到理想的结果。对时间进行有效的划分，"到了倒数第十天的时候，先把问题分析和调查的准确度搁置一下，还是把主要精力用在创意的提出上吧"，这也是一个好的时间分配方案。

第三，听取外界的创意思考。

我们不要拘泥于理论框架，完全可以跳出来看看。我们多看看外面的世界，在做了各种各样的事情之后，我们也会储备更广博的知识。新的创意往往会在与合作伙伴交流之后，灵光一闪，孕育而生。有的时候，乍一看毫无关联的知识和课题，在某个特定的机缘巧合之下，却催生出十分优秀的创意来。

除此之外，包括在电视上，我们常常看到的顾客排长队的冰激凌店铺、棒球教练的箴言金句、外国游客购买的商品、历史书、午餐时间人满为患的饭店……我们要多看看、多多经历那些与自己没有关系的事物，这样无形中会增加我们创意的积累。从这个意义上来说，读万卷书，不如行万里路。创意还是要靠我们用双脚一步一步创造出来的。

工作之上，如果只追求效率优先的话，你的创意广博程度也会大受影响。我们不能只把目光放在工作之上，那些乍一看是"无用的东西"和"多余的事物"，其实很多都可以给我们的思考带来充分的空间。意识到这一点也是非常重要的。

拼命工作当然是应该的，但是与此同时我们也要抽出时间，尝试着读读那些与工作的关联不是很密切的书，与其他行业的朋友多多交流，这样一来，我们创意的积累也会越来越多。

41. 思考的真谛：
决定了还需要三思而后行

错误的努力 = 出了结论就停止思考

不管是什么样的思考，要让它们提高生产效率还需要再进一步。

"信息→洞察→假说→检验→最终决策"，通常要经历这样一个过程。但是，那些思考质量更好的人，他们思考的时间会比普通人的要长三十分钟。

当然，这些显得有些执拗纠结的思考是一种癖好和习惯，也会花费很多时间。我们了解这一点是非常有必要的。当大家的议论发言结束后，你是不是有勇气说"请稍等，我还要说明一下……"呢？或者是为某个问题做出了判断，我们还会再三咀嚼，重新审视自己的判断吗？

这么做的确是显得画蛇添足。虽然"已经做出了结论，自己还有什么好补充的呢"，但是在做出最终结论之前，稍微再较点真，也没什么不合适的地方。

举个例子来说，A 公司是我们一个竞争力非常大的公司。

A 公司的运营业绩为什么会一直蒸蒸日上呢？我们要洞察他们的财务数据，分析调查的结果。"我们应该把 A 公司商品的长项也吸取到我们公司的商品上""我们也应该把公司参与人员的待人接物行为，提升到和 A 公司一样的水准上来"。一旦确立这样的假说，我们就要逐一检验。就在我们做出"那么，与 A 公司比较而言，我们采取这样的策略"的最终判定的时候，我们可以三思而后行。

"商品质量的确是顶呱呱的，但是产生高利润完全取决于商品的质量吗？"

"店员的接人待物虽然很优秀，但是真的和 A 公司的经济效益有直接的关系吗？"

表面上来看，貌似很多问题是主要原因，但是再深入地思考之后，却发现别有洞天。商品质量和待人接物的服务虽然是好的，但是 A 公司之所以能强大，还在于其自身。"之前我怎么就没想到这一点呢？"思考之后，发现其实可能还有别的原因，也应该考虑进来。

这也是一种张弛有度，这点非常重要。当然了，不是所有的阶段都需要我们死缠烂打，纠缠个没完没了。

以三十分钟作为一个时间节点，尝试着去寻找其中的可能性。如果突然发现"之前的提案是非常恰当的"的时候，就赶紧按照原来的提案行动。否则，一旦由此引发其他问题，就要求我们重新花费时间逐一验证和讨论。

执着是非常重要的，但是没有必要不论何时何地、不论什么问题都固执己见。我们一定要张弛有度，合理地质疑，以愉悦的心情从各个角度来进行思考吧！

42. 思考的真谛：
举一反三提问 why、what 和 how

错误的努力＝根据表面现象做出结论

为了从各角度展开思考，我们就需要使用多种便捷的技巧。

那就是我们经常说的举一反三来思考 why、what 和 how。

如果"他们的营业能力非常之厉害"是某个问题的解答的话，首先我们要思考的 why 是"为什么他们的营业能力那么厉害呢"。

如果这个问题的答案是"这是因为他们每个从业人员的工作效率都非常之高"的话，下一个 why 就是对这个问题继续质疑。

如果我们又得到上述问题的答案是"这是因为他们的很多营业人员都能做提案型的工作"的话，下一个 why 就可以是"他们为什么能做到这一点呢"。然后我们就可以思考"这个问题的答案是……"

这样反反复复五次以上，很多情况下，答案就变得非常匮乏。

这里说的 what，就是要提出更加具体的、再进一步具体的问题。

举个例子来说吧。对于这样一个提案——"要生产出防止孩子牙齿损伤的点心"，接下来我们就会提问："符合要求的会是什么样的点心呢？"

如果有人回答我们："那就是不管用什么样的使用方法，都不会导致蛀牙的点心。"我们就可以乘势提出下一个问题："那么这种点心要具备什么样的功能才能预防蛀牙呢？"于是，就进入到下一个答案—提问的环节。

对于一个问题刨根问底五次，答案就会越来越清楚。

当我们思考实现 what 的方案的时候，接下来就要思考 how（具体该怎么办），这里也需要对于一个问题刨根问底五次。

事实上，要做到五次还是比较容易的，当然如果能做到七次，甚至是十次，那也是不嫌多的。我们给出答案和问题的过程就会从流畅慢慢变得缓慢，直至我们回答不上来。

对于同样一个问题，通过不间歇地对 why、what 和 how 三个方面进行举一反三，可以从多个方面来深入挖掘解决问题的途径。

但是，我以自己的亲身经验看来，对于一个问题，从 why、what 和 how 三个方面连续追问一个回合，能从容不迫地对答如流的人还是少之又少的。

有时候，我们也可以首先从 why 进行问题的深挖，光是 why 这个问题就能花费三十分钟的时间。不断尝试这种方法，我们就能掌握深层次思考的方法。

如果掌握了深层次思考的习惯的话，不论是在会议还是简单的碰头会上，我们的提问和发言自然而然地就会熟练起来。

"这是为什么呢？"

"你能不能再具体地将这个问题说明一下呢？"

"你这个做法真的很棒！我也听明白了。那么我想问的是，最初的部分，你打算如何去做呢？"

很多业绩优秀的上司，他们都会从别人的提问和评价中迅速深入地领会发言者的创意和意见，并将之进行行之有效的改善和提升。

如果将这样的议论反复进行下去的话，无论在会议开始前还是结束后，我们的创意都会得到水准上的提升，会议的质量也会得到提升，甚至是与会者也会学到更多的工作方法。这样一来，你所参加的会议就会成为效率超高的会议了。

43. 思考的真谛：
不对别人的思考指手画脚

错误的努力 ＝ 对别人的思考任意曲解

自己深思熟虑地思考的确非常重要。但是只是局限其中，也无法成为高效率的思考。对别人的知识和思考充分尊重并精准地付诸行动，也是高效率思考的一个诀窍。

我在一家生产企业做职员的时候，曾受教于一位非常优秀的前辈。他告诉我"一旦发现问题，就要追根溯源，去看创意原本的面貌（原典）"。关于法律、公司的规章制度和全新的生产技术，如果一开始是仅仅阅读被改编（arrange）了的浅显易懂的说明书的话，很多时候我们就无法理解问题的症结所在。

这是非常重要的教诲。我在现在的工作中，一旦哪里有问题搞不明白，在时间允许的范围内，我一定会竭尽全力去寻找原典。

这位前辈还告诉我一件重要的事："不论是别人说的话，还是从书本上学来的知识，都要经过自己的咀嚼和理解之后再去运用。"

对于这一点，我也把"别人的思考"纳入"自己的知识框架之中"去理解、去实践。但是在麦肯锡工作数年之后，我还是觉得第二点稍微有点问题："这点好像不怎么正确呀！"我得出了这样一个答案之后，最后还是果断放弃不用了。

我们从别处听到一些全新的思考，针对"这个思考究竟是什么样的呢"，一定要进行独立思考，做出自己的解释。有的时候别人的思考可能会歪曲原义，甚至添加了不好的含义。

我们举个例子说明。假设世界上有一个岛国，只有一个手机运营技术孤立地存在。如果要给这个岛国宣传我们当下使用的智能手机的多功能性和便捷性的话，那么听闻这个性能的技术人员就会马上收集本国行业内的精华技术，开发出和智能手机的运营技术貌合神离的服务功能，并将这项技术在该岛国推广……

对于智能手机的功能、性能并不了解的人们，往往只能根据自己的体会进行解释和揣度，随后东施效颦、邯郸学步，最后只能沦为大家的笑柄。

天外有天，人上有人。在这个世界上，我们的知识只不过是沧海一粟。而且比我们能力强、知识多的人更是举不胜举。既有那些尖端行业的领军人物，也有经过数十年如一日的实践，最后登顶行家的精英人物。我们要准确地理解这些人思考的本来含义，否则，再伟大的创意，经过我们的任意改造也会变得毫无新意可言。

我们一定不能犯这样的错误，也不能将一流人才的创意囫囵吞枣地全盘照搬，而是尽可能遵循原典的本义来做。对于有些高深的见解，我们千万不要任意剪裁，想当然地去肆意改造。

这种情况下，最重要的是从一开始就对他人的意见心胸开阔，认真地去面对。很多时候我们也很清楚"要做出'正确的努力'，必须要敞开心扉"，但是往往不能虚心接受别人的意见、帮助和劝诫。这种时候我们就要思考"这样做具体会带来什么样的结果"，自己与自己进行一场心与心的对话。

如果有不懂的问题，一定要不断质疑，必要的时候还要寻求其他解决方法，或者向清楚这个行业的人士咨询。

我们再回到刚才的手机技术案例中，之所以技术人员会根据自己的理解创造出貌合神离的智能手机，这是由于他没有见过别人宣传的智能手机就仓促模仿创造，出现了不好的结果。此时，他最应该和制造真正的智能手机的设计人员进行对话交流，提出自己正面对的难题，对于智能手机的功能准确定位，如果还有问题没有弄清楚，还应该继续去其他更资深的人士处获得解答。

总之，上述的问题是：别人的意见会给我们内心带来刺激，在没有彻底消化这些刺激的情况下，就开始进行下一个阶段的创意和行动。

这无形中让该技术人员花费了很多的体力，这就是智能手机的案例所具备的价值。只有规避这个风险，我们才有可能生产出不同于前两种的第三种智能手机。

对于别人的意见要认真对待，实在是无法理解的情况下，我们可以追根溯源，也可以向周围的人寻求更广泛意义上的意见。这样就会形成议论，我们的创意就会越来越好。

麦肯锡在评价合作伙伴和候补高级合作伙伴之际，通常会把"既能够帮助别人，也能够得到别人的帮助"当作是评价职员的重要标准。这正是在考察职员"是否具备不给别人制造麻烦，又能用超出个体能力的智慧解决问题，并具有创新的能力"。

不管一个人具备多么高超的解决问题能力，仅凭一个人的能力都无法实现在团队讨论的同时又能提高解决问题的效率。

那些能对别人敞开心扉的人，一般都具备主动的好奇心，他们也具备较好的亲和力。

　　这并不是与生俱来的能力，很多时候都取决于我们的个人习惯。比起学习而言，此时好的习惯就有用得多。下一次我们听取别人的意见的时候，一定要打开内心的窗户，就自己的困惑直接坦诚地与对方交换意见，而且一定要进行共同讨论喔！

第三章　时间管理说：创立目标、步骤及时间成本分析

"笨 鸟 先 飞" 会 最 大 化 努 力 的 效 果

44. 工作方法的基础:
要经常"笨鸟先飞"

错误的努力 = 踩着标准期限去工作

前文所述,在工作方面进入自我管理的状态,也就是增加"被控制"(under control)的比例,这一点尤为重要。

其中,要做到时间方面的自我管理,要经常保持笨鸟先飞(stay ahead)的意识。

在商务运营当中,几乎所有的工作都会有不同程度的期限要求。

倘若被时间追着跑的话,就会被动地接受时间的制约。不管你从事的是重要的工作还是别的事情,总而言之,你都会拼命地踩着时间去工作。

这么一来,工作的顺序和质量就会被时间左右。

这正是我们辛辛苦苦地拼命工作,花费了大量的时间,却怎么也得不到好的成果的重要原因。这当然是一种"错误的努力",这不是对时间的有效管理,相反地,是处在被时间管理的状态中。

如果要从这样的恶性循环中摆脱出来,就要求我们在时间截止之前,一定要笨鸟先飞、敢于领先,在工作上提前行动。

只有提前行动,我们才有空闲的时间去调整。这样一来,我们成功的比率也会大大增加。

哪怕只是领先小小的一步，对于出其不意的问题，我们也有更多的时间去面对，这样就有了时间上的宽裕。

如果我们正在准备一份事关企业业绩的重要企划书——

"我们要争取在截止日期的一日前，完成整个企划书的定稿。"

我们能做到这一点，企划书的精准程度也将大大增加。这时候如果发现有遗漏或者小错误，我们也有时间进行修改。

相反地，如果我们的时间紧巴巴，工作也进展得磕磕碰碰，一旦遇到什么难题的话，就很有可能无功而返。

"仔细一寻思，觉得还是应该和营业部门的负责人再度确认，否则就完蛋了。"

当意识到这一点的时候，我们才急急忙忙地用内部电话联系，才得知负责人正在国外出差……如果出现这种情况的话，那就悔之晚矣。

要做到敢于领先，还有一个要点，那就是必须事先对自己要做的工作有个整体性的把握。

如果你从事的工作属于时间跨度极大的那种，这一点就尤为重要。

这是因为纵观工作全局，如果时间轴过于漫长，在这期间就可能会发生很多无法预料的事情，也不知道会在什么时间段发生，而这些都会对工作的开展影响巨大。

因此，这就要求我们在工作一开始的时候，能够做到掌控工作内容，对整体情况了然于胸。

假设一个工程项目需要三个月的时间，在接下来的三个月里会发生什么呢？那么在起步阶段，首先就要进行预设与模仿（simulation）。

换而言之，也就是把马拉松比赛的路线全部事先了解清楚。

其间，像气温和路线这样的因素，自然不能忽略。还有对和自己一样参加赛事的队友的状况、比赛当天个人的身体状态等，也必须有个准确的把握。除此之外，还要事先查看路况。

在五公里处，是不是会出现坡道呢？在十公里处，会不会出现强大的对流风呢？你了解和不了解这些要素，在比赛的时候可能会产生两种截然不同的效果。

有的人通常会认为："不管怎样，我先跑完五公里再说吧，剩下的路程看情况是不是要继续……"抱着这种想法的人肯定无法在马拉松比赛中取得好的成绩。

在行动一开始就俯瞰全局，和马拉松比赛是同样的道理。

为了完成三个月后的工作目标，就应该好好地分析一下，要根据工作目的和合作伙伴的情况不断地调整，经常进行研讨。

除了合作伙伴外，还有什么要素会影响我们的工作呢？

整体的进展日程是否合理？

其间的费用筹备得怎么样了？

……

在项目的开始（kick off）阶段，将能想得到的问题悉数摆上案头，再逐一进行演练和预先解决。

不论是个体还是团队，如果做不到这一点，那是根本无法在工作上或者项目上领先于人的。到最后肯定被时间和截止日期追着跑，到那时候，可能真的回天无力了。

45. 工作方法的基础：
彻底进行"前期投入"

错误的努力 = 将紧张的工作拖后

如果要掌握做出"正确的努力"的时间的话，就应该养成相应的好习惯。"前期投入工作"（front-loading）这个词，我们在第一章也有提及。这是对计划进行"正确的努力"的最基本前提。这是我从大量的工作经验中，总结出来的经验。

有的人是早起工作型，有的人则是夜猫子型。相较而言，我是早起工作的那一种。一大早就开始从事那些糟心烦琐难做的工作，殚精竭虑地去做各种工作，然后一整天的工作开始步入正轨。

不管怎么说，清晨的大脑都是十分清醒（fresh）的，做事情时精力也能够集中。在办公室提前做好准备，很多麻烦事都会被提前处理掉。

另一方面，一旦开始一天的正常工作，我们总会遇到出其不意的突发会谈、没有预期的障碍，也不知道谁会突然打一通电话，急急忙忙来咨询问题，这些都会占用我们的工作时间。如果这个时候，你抱着"剩下的工作过会儿再做吧"这样的想法的话，你的工作就可能延迟到第二天，这样根本谈不上提高工作效率。

相同的道理，如果在一个星期的时间内，你有一件超级重要的工作要做。你想在星期一就把这个工作完成，那显然是不可能的。因为你是星期一才开始着手去做，然而到了星期二、星期三、星期四，每天都有每天的工作内容，一眨眼，一个星期过去了。这是因为你的工作顺序混乱，没有把各项工作的顺序优化。那么你完成重要工作的速度也会大大受到影响。

　　在这里，我要提醒大家的是，但凡那些难以完成的工作，它们都和"很大的成功"密切相关。

　　"正确的努力"，就是为了达到某种目的而做出相关的行为。单纯从这个角度看待问题，似乎觉得也没什么地方不妥，于是悠悠然开始行动，至于会在什么时候达成目标，那就不知道了。

　　亲爱的读者，你们面对催促不已的上司和合作愉快的团队，你们排过相应的工作优先顺序吗？随着截止日期的临近，你们对各种工作的优先顺序是否有所思考呢？

　　不管基于什么标准，你都会认为"我应该先完成这项工作"？我们应该取大舍小，以大成果的工作为优先（priority），不断对自己的工作方法进行改善。

　　我们很容易被周围的压力和轻松左右，在这个过程当中应该意识到：那些"花费劳力的工作"应该先去完成。这样也有利于我们在工作中找到平衡。

46. 工作方法的基础：
将所有的行动都规划在"时间的范围"之内

错误的努力＝没有时间规划，做到哪算哪

要做出"正确的努力"，与工作有关的所有行动都应该规划在"时间的范围"之内，这样才会更有效果。将花费在每项工作上的时间清清楚楚地预先规划好。

不仅如此，还要将什么行动在什么时间完成都彻底地固定下来，这样才行之有效。

我通常都是早上八点开始一天的工作。

除非上午有早会或者约谈，只有在特殊情况下，我才会在九点开始工作。剩下的都是我一个人的工作时间。

下班时间，我会根据工作的完成情况来定。五点半、六点、六点半……

通常情况下，早会大概是半个小时或者一个小时的时间，一般不外乎这两种。

当然，说到底，这只不过是我个人的情况而已。

在麦肯锡的时候，我有一个前辈，他几乎同时参加好几个项目，忙得不可开交。和前辈开会，通常也只有三十分钟的时间。另外，由于所有的会议，肯定不会一个接着一个地连轴转着开。在会议期间，至少也会留出上厕所的时间。

第一个会议上，他能滔滔不绝地讲起医药品行业的话题，别人都插不进去话。等会议休息时间结束，从厕所回来，改为讨论他所在的团队与汽车行业的问题，他依然能够做到口若悬河。从会议开始一直到最后讨论"石油价格的变化与新车的制造方法"，真是令人甘拜下风。

那么多的会议内容，他能在头脑中不断切换，这是因为他事先做足了功课，有备而来。

在伦敦麦肯锡工作的时候，有一个人给了我无数的帮助和提携。他的名字叫彼特·费德曼，他的情况正好和上述例子相反。

我经常看到彼特·费德曼在英伦风格的纸记事本上记录每天的工作日程。每天上午做一件事情，下午做一件事情。他是一位非常优秀的员工，但是他每星期只完成十件事情。同样，他的工作效率也很高。他所在的团队的工作业绩总是十分令人瞩目。

"对于同一个案例，没有必要一个星期讨论若干次。在一个星期或者两个星期内，花上两到三个小时，只讨论一次就足够。"

这就是彼特·费德曼的观点。

这种模式乍一看松松垮垮，但是我们从整体上俯瞰他的工作，就会发现他的计划完全是基于花数个星期来准备的基础做出的。我们认真审视彼特·费德曼的工作要点的话，就会发现彼特·费德曼的工作进度也体现了他深思熟虑的思考力和能力。另一个方面，这样的分配方式既可以让计划的每个环节都得到具体的落实，也能集中高效地完成工作。这可能就是彼特·费德曼团队的工作效率一直很高的原因吧！

对我个人而言，花费一个星期以上的时间去讨论一个案例，我也会感觉越来越疲惫。即便是会议，最长的时间也只能是一个小时，超过这个时间，思考力就会大打折扣，这就是我的时间分配情况。

当然，时间和效率也会因人而异，每个人应该根据自己的情况制定符合自己工作的时间规划，然后将它贯彻下去。只有制定出好的工作顺序，我们才能有效地展开工作。

对于所有的工作都要做好基本的时间规划，对什么时候开始和什么时候结束，一定要了然于胸。

很多人的早上都是从查看邮件（mail）开始的。于是，他们整整一个上午都趴在电脑前回复邮件。

假若，你在时间规划中，将八点半到九点作为邮件回复的固定时间的话，一定要清楚地意识到时限，要在时间的范围内有效地完成工作才好。如果某封邮件的回复需要花费非常多的时间，最好还是将这封邮件暂时放置到某个特定时间内去回复。这样就不会延长时间，延误其他工作的完成。总之，一定要意识到对时间的管理也要遵循规划，这一点十分重要。

对于处理某个让人崩溃、压力大的工作的时候，我们也可以尝试着使用这种方法。

在工作中，像"对举步维艰的课题，做出思路清晰的创意""给新的广告商做企划书"等，都不是一个人完成的工作。"遇到了一个很难缠的客户，需要和他反复在电话中交涉""错综复杂的数据要与其他部门共同分析"，这种例子不胜枚举。如果我们没有制定好工作开始的时间，那么这种工作就会被别的事情阻断，很多时候就会出现烂尾的情况。对于麻烦的工作，我们必须要强制自己用足够的耐心积极地面对。慢慢地，很多问题就会迎刃而解。

如果我们制定了时间规划，就会尽可能地避免被其他事务影响，从而加速了进度。每当上司突然下达任务，虽然我们很难说："目前我的工作计划是着力完成这个项目，估计没有时间来做……"但是，如果是那种谁都可以胜任的工作，就可以找有时间的职员来完成。这样避免了摩擦和误会，工作效率也得到了提升。

做出"正确的努力"，不是按别人的计划去执行，而是根据我们自己的时间情况，合理地主动分配时间。能做到这一点，也是非常重要的。

我们的工作，或许一开始只能完成一成。但是随着认识和方法的不断改变，我们工作的成果也不断显露，渐渐地得到了外界的认可，慢慢地从一成到二成、三成……我们的工作效率也会越来越高。

47. 时间管理的具体方法：
在会议上剔除无用的内容，加大有效密度

错误的努力 = 会议成了资料说明的场所

"我的会议发言可以用半个小时，也可以用一个小时。"通常这种情况，往往只用半个小时就已经足够。

前文我提到了前同事彼特·费德曼的情况，但是我们要模仿他做出同样的成果，还是非常困难的。

在每次会议上，我们尽可能在有限的时间内增加会议内容的密度。但是必须将三十分钟或者一个小时的时长作为举办会议的一个重要原则。

这里所说的例外情况，比如为了提出创意而进行头脑风暴（brain storming），或者是开展唇枪舌剑的议论，当然，像这样的情况也不会天天都出现。

如果已经决定"会议时间不能超过三十分钟或者一个小时"，那么接下来我们就可以按照以下几方面来做：

要在三十分钟时间内完成，前期设计和准备尤为重要。

会议也需要我们提前准备，如果决定"下周三我们要开一次会议"

的话，首先，我们要搞清楚：①会议的目的，②会议的预期成果，③为了达到成果如何去讨论，④为了展开讨论，要准备什么样的资料和准备等四点。在明确了这四点问题后，再展开相关设计。

以这四点为基础，事先需要考虑哪些信息应该与参会人共享。会议中，哪些事项应该得到充分讨论呢？这些问题都应该认真整理出来。

如果有人告诉我们"我希望能将会议的时间设置为一个小时"。我们就应跟对方确认，为什么这个会议需要一个小时的时间呢？如果只是为了达到碰面和信息共享的目的，我们也许会认为"事情并没有复杂到要花费一个小时的程度"，我们也可以直接表述自己的观点："十分抱歉，我觉得三十分钟足以讨论完我们的会议议程。"

总而言之，在那些大企业，每逢开会，都会出现一大堆厚厚的资料。于是，会议开始的十五分钟，甚至三十分钟内，人们都在事无巨细地解释资料内容。这其实就是阅读完资料后，进行内容总结而已。

在麦肯锡的制度中，清楚地说明了：我们都认得日文，也能看懂日文。这些写在文件里的内容就不要再读出来了。凡是那些读材料的情况，都已经被 NG（叫停）了。

比起音读，我们人类默读的速度其实更为迅捷。

因此，在阅读资料之后再进行讨论。可以在会议之前，通过邮件分发资料的内容，这样会议的进度就会变得流畅起来。

当然，有时候用邮件发送材料会有不便。要是事前分发也赶不上情况的变化，这样可以在开始讨论前，先给大家几分钟时间，通读一下材料。即便是这样，也会比读材料更加便捷。

在会议上朗读材料，肯定没人愿意听。这种"拖沓"，其实是故意占取其他参会成员的工作时间，也是一种"错误的努力"。

如果提案撰写充分，参会人又十分自信的话，我们就可以尽量缩短资料的篇幅。"为什么你的这个提案很好呢，一句话来说就是……"如果别人对于我们的全副武装突然插进来这么一句话，我们很可能就会当场哑口无言了吧。在商业运营中有一种通识，那就是凡是材料准备得非常厚的人，往往是提案内容完成度比较差的。

另外，会议开始前，应该彻底厘清会议目标，也可以和其他的参会者一起讨论，达成一致。

这次会议的目标是"信息共享"吗？

这次会议的目标是"从若干提案中挑选一个"吗？

这次会议的目标是"承认具体的提案之后，再做出新的判断"吗？

如果通知你参加某次会议，你应该事先向其他参会人员传达清楚这些问题。如果是别人向你咨询什么问题，我们也应该给予中肯的回答。

这样一来，对"新产品的设计进行讨论的话，就有必要列出已有产品的销售数据"就要进行事先确认。

如果"信息共享"是会议目标的话，我们有时候甚至会觉得"这个会议通过发个邮件就完全可以解决的嘛"。

在决定"会议时间是三十分钟"的情形下，如果拖拖拉拉，一会儿读读资料脱离要点，一会儿再说一些无关痛痒的经验之谈，那么再想讨论其他议题就根本没有时间了。

当然，我也认可与参会人进行杂谈和经验之谈有一定的价值，有时候还非常重要，但是在会议的场合交谈，往往是没有必要的。

为了不耗费时间，如果我们及时阻拦了杂谈和经验之谈，那么三十分钟或者一个小时的会议时间就足够我们讨论完所有的议题。这样不仅缩短了时间，还可以使议题集中，讨论内容的密度也会更佳。

很多商业人士经常说："会议太多了，结果自己一点时间也没有。"因此，他们一直都在开会，其他什么事情也完成不了。于是，很多人就更重视自己具体要做什么工作，考虑到工作效率，当会议来袭的时候，他们一般都是找借口，拒不参加。

但是，如果我们每天花三十分钟或一个小时的时间来参加这样的会议，那么日复一日，在不知不觉当中，我们已经花费了太多的时间来做这种无用功。很多情况下，我们被迫参加以上司为主轴的各种会议和每日例会，其间我们什么事情也没有办法完成，这种情况在很多地方都是存在的。在此，笔者建议各位读者，从我们自身做起，至少在自己参加的会议中尽量改善会议的进度。

48. 时间管理的具体方法：
碰头会提前做好准备

错误的努力＝抱着先见一面再说的态度

虽然事先已经和顾客进行了面谈，但是有些人依然浪费了大量时间。

总的来说，虽然同样都是和客户提前打个照面，但是每个人抱有的目的却各不相同。

例如，有的为了签合同而进行商谈，有的为了解决合作中产生的问题，有的为了共享信息，有的为了建立人际关系……

要举办像这样的碰头会，就和做开会前的准备一样，包含四点要素：①目的，②期待达到的成果，③为了取得成果要进行怎样的商讨，④为了此番商讨必须事前提供哪些资料、做怎样的准备。除此之外，在常规情况下，时间最好保持在三十分钟到一个小时。

如果碰头会的目的是商谈或是建立人际关系，在这种情况下，就不能只见一面就万事大吉。就像擅长做生意的人所熟知的那样：很多事务都是在反复多次的面谈和交流中水到渠成的。

所以在这种情况下，就不能只见一面，然后虎头蛇尾，而应该为了最终达成合作的目标，认真准备这次碰头会。我认为：从交换名片到融洽相处，或者从介绍新产品到签订合同，不论经过多少次碰头会都是不为过的。

如果能这样想：这次碰头会，仅仅只是整个工作安排的一部分。这样才能有效地利用时间，同时我们也不会感到焦躁。

"一共有五次会议，这次只要把产品的特性弄清楚就好了。有关削减成本的内容，放在下次再讨论。"这样想的话，我们的言语更凝练，理解起来更容易，所准备的材料也会更合适。碰头会因此也能得以顺利进行，而不会出现拖延。

预计用五次来完工，在实际上，用了四次就签订了合同。或者有时候，我们还会觉得"还应该再增加三次会议安排，更为妥当"，即便是这种调整，也是非常必要的。倘若一开始，我们就把这些可能性考虑在内，那就更加完美了。

作为公司的一员，有时候，我们也需要和没有接触过的公司的人建立新的人际关系吧？对企业咨询师来说，这也是一项十分重要的工作，这在企业中也是司空见惯的事情。

"如果和这个公司能建立联系的话，将来可能会在业务上进行合作。即便是合作不了，也应该能给予我方其他各种帮助，哪怕是只能共享消息也是有价值的。"——作为公司职员，这样来想也是理所当然的。

但是，不论是什么样的大公司，要和新的公司建立新的关系都是很难的一件事情。

比如，最初，十个人中只有一个人善于建立人际关系。对于别人而言，这是一种天生的能力，也并不是想模仿就能模仿得了的一门技术。而对于其他九个人而言，在处理人际关系的过程中，则会费一番功夫。

　　要给这样的人的工作提供捷径，那就是事前做好各种准备。不论是要发展成为朋友，还是要与对方成为恋人，所有人际关系的维系都不是一锤子买卖，而是像电视连续剧那般，要维持很长时间。

　　因为有了电视连续剧的存在，所以也就有了剧情的起承转合。这并不意味着所有人际关系的发展会一直渐入佳境，有的时候会出现裂缝，有的时候也许会停滞。

　　在商业往来中建立人际关系，也会如此。在我们与对方反复交往数次后，我们也许会思考，是不是达到了预期的人际关系的目标了呢？在整个过程中，也许会没有进展，也许维系了很长时间都是无用功。这些结果，我们也应该纳入预期之中。

　　只不过，那些毫无进展的、所谓的见面次数就是做了无用功，我们尽量不要让对方也萌生这种感觉。正如我们抱着"想结识这个人"的想法一样，让对方也觉得我们的价值是无可替代的，这样他们就算在很忙的情况下，也会抽出时间与我们继续交往。在花费时间和对方热聊三十分钟后，如果让对方感到"他来的目的是什么呢？这样简直是浪费了时间"的话，你们的交往就不会再有下次了。这个时候，即便是你的"电视连续剧"还没有进展到最佳处，你们的交往也要戛然而止了。

　　特别是作为企业咨询师的人，他们所交往的对象大多数都是日理万机的企业家们。而这些企业家对此也确实抱有"既然和企业咨询师见面，就要获得点新知识才好"的期待。就算我们没有多少实质性的建议，也会让对方这样想："我和这个家伙说话也是有意义的"。虽然难度很大，但却有挑战的价值。

"和这个人见面是有价值的"，要让对方这么想，这就要求我们提高自身的修养。

在麦肯锡时，我有一位前辈叫横山祯德，他获得了多家大型公司的超级信赖。横山祯德先生获得信赖的原因，不仅仅是工作上杰出的能力，还有一方面原因，从哲学到流行漫画，从古典乐到摇滚，他都能讲得头头是道，具备着过人的知识素养。大多数的企业家都表示："和横山先生交流十分有趣！"究其原因，这不仅是因为他学识渊博，还因为他总能结合当下流行的话题来探讨经济和经营的问题。

我在麦肯锡的时候，对部下和企业的新人也提出过建立人际关系的一些建议，劝导他们"请制作出最美味的食物"。那个时候，大家都在致力于打造米其林星级餐厅。在通常情况下，我们要超过那些拿不到预约号码的店铺。但很多时候，在我们得到的时间中，却让人感觉得到的只是最小的成果。餐饮行业也只是其中的一个案例，但是我们依然期待"不论怎样，我们都要做出自己的努力"。

为了让对方感觉到"认识你，真好"。平日里，不仅要提高自己的修养，还要发现不错的餐厅，相互的见面拜访也必不可少，这是一个最有效的方法，关键在于时间的灵活运用。可以多出去转转，见识大千世界的美好。

49. 时间管理的具体方法：
早点回家锻炼"工作的肌肉"

错误的努力 = 依靠持久力长时间劳动

本书的开篇我们讲过："要重新考虑加班这件事。"

多年来，我一直提倡：趁着年轻，早早结束工作，早早回家。这和体育运动训练都源自同样的道理。

如果不趁着年轻养成早早结束工作的习惯的话，那么，伴随着年龄的增长，我们的工作就会变得很辛苦。工作的速度也不会因为我们长期经验的积累，而自然变快。

如果一开始不养成——"总之在短时间内把它完成"——这种工作速度的话，不论是想成为骨干，还是成为老手，我们都会错失良机。

然而，实际上，越是年轻的人越会花费大量时间进行加班。一开始虽然谁也不会习惯，但是要面对的体力劳动却很多。体力劳动是花费时间越多做出的成果越多的工作，年轻的话也有体力。这样的加班，如果持续不断，那么我们回家的时间就已经到半夜了。麦肯锡也是如此。即便到了第二天凌晨，在公司办公室里，加班的年轻人仍不减少。

如果不依靠强制的规章制度命令他们尽早下班的话，这个恶性循环，就不会终止。

假如有一个规定，就是强制让那些已经养成加班到半夜的习惯的年轻人"无论工作有多少，晚上九点一定要回家"。

刚开始，他们可能即使拼了命地工作，到了晚上九点依然还有不少工作。但是，经过一段时间，他们即便不拼命地工作，到了晚上九点钟也有可能完成工作。如此下来，员工们就会慢慢掌握工作要领，甚至还会做出"这次八点就回家"的决定。接下来，再下一次就能将回家的时间定在晚上七点……慢慢地，工作的速度也随之提升了。

这也可以说是把工作方面的物理性强化。

运动员能把球踢多高、能用多少秒跑完一百米等问题，都会影响到他们的职业生涯。上班族也是一样，日常的工作能用多长时间做完，就应该从年轻的时候开始锻炼。

长时间劳动就会使注意力和思考力下降，从而降低生产率。而且，正因为随着年龄的增长，我们的体力也会自然而然地出现下降，所以，我们要趁着年轻，挑战自我，养成趁早做完工作、早早回家的习惯，这也是十分重要的。

50. 时间管理的具体方法：
一周停止一次手头的工作

错误的努力 ＝ 以同样的节奏一直工作

我建议大家：一周停止一次手头的工作。

后退一步，海阔天空。在这里，我建议大家，从平时的工作状态中抽出身（stepback）来，然后全面地去审视自己的工作情况。例如，我们可以仔细观察最近一周的日程表，思考一下"以现在工作的进度会变成什么样子""这样进行下去，什么时候又会出现什么样的结果呢"……

我们应该一边粗略地看看日程表，一边停下脚步来想一想。

每周的周日晚上，又或者是周一早上、周五晚上，请大家务必挑选出一个自己独处的合适时机（timing）来自省自问。

在这里，我们没有必要花费过长的时间，用十分钟或是十五分钟就好。平日里，无论多么繁忙的人都应该能抽出这点时间吧。

很多人忙得"从来没有驻足思考过自己的工作"，他们也自感无法抽出一点点的空闲时间来进行思考。事实上并非如此，他们也不是忙到连一点思考的时间都没有，只是被各种日常的工作时间追着跑。

像这种人群，不论是"前期准备工作"（front-loading），还是"暂时后退一步"，对于他们而言都是十分困难的。

因此在这里，我给上述的读者提个建议，首先我们可以从"暂时后退一步"开始，不妨试试拿出时间来思考。

一般而言，我的"暂时后退一步"都是选择在每周日的晚上。我会重新评估各种工作，包括截止日期和工作计划，并将每项工作关键的部分逐一以"记录"的形式写在纸上。

这种方法，我大概坚持了二十年以上。

基于上述结果写出必须要做的事项，及时优化做事情的顺序，让最麻烦的事项首先顺利进行。站在所处的时间点上，对接下来的工作进行预测，对没有做好的地方进行反思和准确地把握。

"以最初定下的目标为参照，课题是否正在切实地推进，并且找到了解决问题的方法了吗？"

"从现在起，接下来几周内的难题又会出现在哪里呢？"

"对于最难解决的问题，现在要做的事情怎么开展才好呢？"

驻足思考和自我审查，如同近视眼的人戴了眼镜一样，会令狭窄的视野逐渐开明。我们就能把工作放在更大的格局中重新审视。

单纯做到上述这些，其实也不会让我们后知后觉。我们还会及时意识到"自己的行动偏离了工作的目标""我需要改变一下本周的工作顺序"等，有利于我们沉着地掌握工作的现状。

掌握现状，发现问题之所在，当然并不意味着就一定能够立刻解决问题。

但是在掌握情况之前，我们对最新的状况也浑然不知，在"最终的结果是做了无用功"之前，我们做到掌握现状无疑是十分重要的。因为，只有我们发现了问题之所在，才有可能采取措施及时进行补救。

通常我们在工作上的管理方法是"要切实做好眼前的工作"。但是，要做出"正确的努力"，这就要求我们正确把握以什么样的顺序来完成什么部分的工作，而且要放眼全局，将整体工作的各个部分都顺利推进。

51. 时间管理的具体方法：
无关的事情也会花费时间

错误的努力 = 只重视效率，排除一切无关的事项

"只有他（她），才是能够做到高效率思考的人。"

思虑周全的人，例如有先前所提到的企业咨询师——横山祯德先生。在麦肯锡的时候，他是一位具有独特的想法、思维的复杂性和完整性都卓然超群的人。早年的建筑师本来是那些风格独树一帜的专业人士，但是随着他们不断地画线作图、反复设计，最终自成一派。

横山先生教我要重视如下两个要素：一个是独创性（creativity），一个是充实资源（resource fullness）。

得益于创造力的建筑家，估计一万人当中能有一位，而绝大部分的建筑师都会觉得"别人是这么做的，我也这么做就行了"，抱着这样的心态来设计、使用知识资源。他们都是在别人的基础上前进一步，而得出自己的设计。而那些从零开始，具有完全独创性的设计，也许就是冥冥中的灵光一现，从无到有，这都来源于他们深厚渊博的知识积累。这个案例说明了知识积累的重要性。

横山先生读书的速度，超过我们普通人一倍以上。横山先生之所以博览群书，是因为他阅读所有能接触到的书。他读的书的种类也丰

富多样，既有脑部科学、思想哲学等晦涩难懂的书，书架上也罗列着各种漫画的单行本。如此种类繁多的知识，却让横山先生的工作达到了最好的状态。在玩乐之中完成工作，也达到了高超的境界。

乍一看，横山先生是在浪费时间，做了些无关紧要的事，但是，此举却正好让他储备了越来越多的知识，也让他越来越能进行深入思考，这就是最好的例子。

在麦肯锡工作的时候，除了横山先生外，还有很多前辈和朋友都是乍一看在浪费时间做无用功。

在我还是新人的时候，曾经给予我诸多提携之恩，也是我的学习榜样和合作伙伴的伦敦办事处的前辈，他每天一到黄昏的时候就放下手头的工作，和工作无关的人们一起，到伦敦市区所有的流行餐厅共同享用美味的食物和美酒。

这样持续下来，他构建出了别人无法模仿的人际关系网。这样，所有的信息都被他印记在大脑中，经过时间的洗礼，变得日趋成熟，再被混合、沉淀，最终孕育成任何人都不能模仿的独特的思维模式。

还有一位朋友，他十分重视他所有的兴趣爱好，他沉迷于兴趣爱好的样子和他在接受咨询时的工作状态毫无两样。无论工作有多忙，只要到了对一个兴趣爱好来说十分重要的时机，他就会毫不犹豫地停掉手头的所有工作，以120%的热情投入到自己的兴趣爱好当中去。有张有弛的生活状态成为这位朋友提高工作效率、孕育大胆创新想法的土壤。

我也经常会想，或许正是因为能专注于这样的兴趣爱好，这位朋友才能为接下来的工作不断得到新的信息，启发新的想法。

由于做了"乍一看貌似是无用功"的工作，从而拓宽了思考广度和深度，培养了优秀的判断能力，慢慢地，为创造性获得更多的时间上的空闲，还能做出好的成果。

时间能够出现空闲的话，那么我们进行思考的时间、储备知识的时间，以及拓宽自己境界的时间，也都会相继应运而生。

如果创造能出成果的话，我们就能收获自信和来自别人的信任，有些做法看似浪费时间，但是却能得到周围人的认同，接下来就会迎来一个好的循环。

如果仅仅追求效率至上的话，那是绝对获取不到这种能产生好的成果的工作方法的。

乍一看，做无关的事是效率奇低的，但是，花费大量的时间做工作，却能让我们收获不同于别人的想法和成长。

"如果我做一件没有用的事的话……"这需要我们有魄力去抑制住与其相应的各种不安。但是，从另一个角度来看，却让我们掌握了渊博的知识。在此，我建议大家不妨试一试这种"努力"。

52. 时间管理的具体方法：
时间允许的情况下要"出去"走走

错误的努力 = 在公司里一味埋头工作

那些只会一味地在公司的办公桌前埋头工作的人，绝对无法称得上是在做"正确的努力"。

每天在公司加班到深夜的人，不光工作的速度上不去，恐怕工作的质量也提高不了多少吧。一旦他们离开了公司，从事外面的业务，通常都不会做出很好的成果。

你所处的行业可能是制造业，也可能是金融业、服务业，要从事与世隔绝的工作是不可能的。我建议各位不要把时间都耗在公司的工作上面，也不能忘记重拾时间，去见识一下人情世故。这是因为这些"外部"信息才是很多灵感的来源之所。

白天在公司的话，我们会有空闲时间。那个时候，你肯定是坐在座位上面对着电脑拼命工作吧？

当然了，有电脑的话，我们既可以查资料，也可以获得第一手的新闻。但是，这些说到底，只不过是网络上的信息而已。

空闲的时候出去走走吧！去到现场看一看，拜访一下合作的顾客，让我们亲自去接触一次信息。这种行为将会大大改善今后工作的质量。

很多人在不需要伏案工作的时候也不出门，他们的理由通常有两个：

理由之一，是"心理上的抗拒"。看起来像偷懒一样，外出过多的话，他们觉得可能会让人质疑："那个家伙，老是大摇大摆地出去干什么呢？"

理由之二，是"在自己的地盘，心理上更惬意"。比起踏入未知的地方，或者不习惯的地方来说，在习惯了的地方会感到更加轻松安稳。老是在公司里待着，会觉得"在公司里感觉还不错"，说着这些话的人，有的在自己的办公桌前加班到很晚，一直重复加班这个机械性的动作。而且，他们的工作效率也上不去，创意的来源也会逐渐枯竭。

当然了，老实待在公司的人，也不是说空闲的时候就坐在座位上偷懒。他们有时也可以上网浏览各个公司的主页、查阅有价证券的资料、关注业内的经济动向等，这些都是不言自明的好处。

但是，"纸上得来终觉浅"，这些都是从书面上笼统获取的信息，头脑中的知识并不能增加。要突然做到灵光一现得到创意还是很难的。

在公司对着电脑工作，或许会让自己感觉很安心，但是那也只不过是工作的"自我感觉"而已。

不管是基于哪个理由，一直待在公司里面会养成沉溺安逸的习惯，因此对大多数工作表现得很随意，从而降低了工作效率。

我在麦肯锡的时候，做过零售业、服装、消费品、制造业等领域的咨询师，我会要求自己团队的成员：周一至周五至少有一次在外面，慢慢享用自己的晚餐。

就在当时，麦肯锡办公室里，工作到半夜的风气很盛。年轻的企业顾问们一连数日以"工作太忙"为由，要么在公司办公室附近的餐厅潦草地对付几口，解决吃饭问题；要么干脆带着便当到办公室一边开会一边吃饭。

我不断对他们说："早点回去买点东西，自己回家做饭吃也好，和学生时代的朋友们一起吃饭也好，哪怕是自己独酌一杯也没关系。如果不和外界接触的话，就不会知道消费者的喜好和需求，这怎么能给零售业想出好的创意来呢？"

应该就这样有意识地出去吃饭。每当我想和顾客在外面聚餐的时候，脑海里经常突然一下子就蹦出我所期待的餐厅的名单。

在白天，哪怕是外出看看"现场"，也是好的。

对企业咨询师来讲，现场就是顾客的公司，或者事务所。不管是在哪里，不论是什么样子的工作，都有现场的存在。

以零售业为例，首先商铺就是现场。顾客使用商品时的场所，是现场；商品制造生产商的工厂是现场；竞争方的店铺也是现场。顾客也不只是局限于店铺柜台前，顾客们也存在于其他任何地方，例如电车车站、闹市区等，都是现场。

我们可以简单地在现场转一圈，即便是视察一下也好。再进一步的话，我们可以预约客户面谈，或者是听听出租车司机的看法。

我们身体能走多远，我们的思考就能走多远。这两者是成正比的。

或许有人能够伏在桌子前一直思考，他的创意层出不穷。但是，对我们大多数人而言，还是需要通过动手动脚才能促进我们大脑的思考。

就连很多哲学家和思想家都为了刺激思考而去散步。大家如果有时间的话，请一定走出去，多活动活动筋骨，让我们的思维活跃起来。

53. 时间管理的具体方法：
让工作日程丰富多彩起来

错误的努力 = 按照死板的日程安排进行工作

在做"正确的努力"的时候，时间的使用方式也会变得多种多样，我们也可以进行各种活动。另外，在各种活动上花费的时间也有长有短，这样有利于我们集中时间来思考如何工作。

和各种行业的人群见面，从进行的各种各样的活动中获得思维上的刺激。我们在有紧张感的同时，也会获得充实感。

接下来，我建议你能大致审视一下接下来的行动日程表。

你有没有老是做着同样的工作计划，却没有一直进行同样的行动呢？

从周一到周五，从早上到晚上，如果你的行动渐渐趋同的话，那你可一定要小心啦！

如果你发现"最近老是开会""老是在办公室埋头工作"的话，那么你要有意识地增加外出的计划。

将和公司以外的人开碰头会、去现场视察等纳入计划。甚至把外出的其他活动也纳入到日程表中来。

相反地，如果你感到"最近在外面见的人太多了，在公司的时间反而变少了"的话，或许你应该稍微放慢一下节奏。当然了，外出交际、谈判是非常有必要的。在这里我建议，还是首先要确保在公司里的时间，然后再把这一部分加入日程表吧！

　　在麦肯锡的时候，我也屡次劝说过客户，让他们把会议、案前工作、拜访客户等，按照类型、不同颜色，在日程表上区分一下试试看。

　　那些工作效率高的人，就跟心灵手巧的织女一样，将自己错综复杂的日程表设置得色彩斑斓、琳琅满目。

　　这种情况下，如果用相同的颜色来标注工作日程的话，那么你就应该重新审视一下自己的工作方法。你的工作进展方向是不是陷入了惰性的循环状况中？

　　有时候在办公桌前伏案工作，有时候出现在现场，有时候则现身于会议室。只有我们意识到这些物理性移动的同时，才能进行有张有弛的行动。

第四章　长期目标细化处理，确保工作最优化执行

推进工作步入"正确流程"的规则

54. 水平上更进一步：
尽快、尽早地提高速度

错误的努力＝把时间浪费在程式化工作上

"尽早""尽快"，这两点是做出"正确的努力"的不可或缺的重要因素。

说起"尽早"，那就是自己比别人提前、预先进行活动，行动得更早。比其他人更早地开始行动，才能保持领先的态势。

"尽快"则正如先前所说的那样，在限定的时间内不去工作，速度也不会得到提高。这和不坚持训练，我们脚下的速度就提不起来一样。如果不持续快速地工作，那么，不论到什么时候都会慢吞吞的。

如果注意到"尽早"和"尽快"两个方面，率先并且快速地展开工作的话，就能达到"尽早"和"尽快"相叠加的工作效果。

我在做企业咨询师的时候，亲手做过一个名为"只要速度的项目"的工作。客户是大企业 A 公司，"提高整体机构的工作速度"，然后按照如下步骤着手：

第一步，是业务方面的取舍选择，也就是把不需要的工作清理出去。第二步，是改革 BPR（业务流程重组 business process reengineering）工作的流程。如果是产品开发，迄今为止所做的最后一次品质验证，如果放在流程的更早阶段的话，则可以减低返工的可能性。把原本按顺序做的事同时进行，这就是所谓的 BPR。

最重要的一点，是在第三步的"组合"，把 A 公司主要部门的业务全部一个个地过滤一遍。首先，以一个星期为时限，安排年轻的咨询师密切观察相关部门员工的工作方法。然后，我们就能发现哪些事项可以自由处理，哪些事项却要像处理重要的工作那样，需要投入大量的时间去完成。如果做到了这一点，哪怕是整体组织的工作速度依然无法提高也没关系。由此可知，这种状况或多或少地在某种工作现场都有可能发生。

那么请问，为什么会出现这种情况呢？

其中一个理由是，谁也不想承认自己拼命努力去做的只是程式化、填鸭式的工作。所以，这一点我们可以暂时搁置不论。这是因为从事任何职业的人都会认为自己的工作是如何如何困难，并且需要花费足够的时间去做。

或者是说，面对那些不得不花费时间的困难的工作，他们为了从那里逃离，才选择从事前述的程式化、填鸭式的工作，并且在这方面消耗了大量的精力。

这是违背"尽早"和"尽快"初衷的例子。

我们挑战那些任务重的工作的时候，如果着手晚了的话，相应地能锻炼自我的机会就会减少。这样的话，不论到什么时候，我们也不能掌握"尽早"和"尽快"。

55. 水平上更进一步：
在核心位置要"既早又有力"地出击

错误的努力 = 顾虑太多的慢速度努力

在古代，武将要训练各种战略技能，那就是为了纵观全局。他们会考虑哪些是重点城镇，哪些可以首选成为突破口，还会思考攻打对方的哪个部位才有可能获得胜利。

当然了，工作并不是战争。但是，如果想要达到目的、大幅度提高业绩、顺利完成企业机构变革的话，那就要看清楚问题的重点是什么。也就是说，准确找到重要的课题，然后将各个环节结合起来思考，这是极为重要的。

在工作的过程中，我们可能会考虑"这也不会，那也不会"，针对某件事情，我们不可能全部做得出来。如果往某个没什么特别效果的地方不假思索地使劲的话，那么这部分花费的时间就等于浪费。

就算知道"如果攻击这里，就能拿下这座城池"的战略要地，如果不干脆利落的话，就有可能在发动攻击之前，我们的敌人就已经做好了防御工作。对于战略要地，如果不能速战速决、一举斩落，那么其他行动就没有意义了。

在工作中也是如此。就算你已经认识到"这是一项重要的课题"，但是随着时间的流逝，各种情况也会随时发生变化。正因为课题的势态、人员、机构都在随时变化中，我们更要抓紧时间，尽早地展开工作。

另外，不是说光有速度就万事大吉了，还要在"核心位置"积极地推动工作，这也是非常重要的。

"如果这么说的话，放下日常的工作也是可以的。"于是，你马上着手寻找要点，以足够快的速度和其他人碰头讨论。如果没有任何措施，一旦拖到会议开始的时候就为时晚矣，如果不具备说服对方的能力，那这场会谈自交涉开始，就是没有意义的。这和很早就跑去攻打对方的碉堡，但是无奈自身实力虚弱，最后依然无法取胜的情形是一模一样的。

找到"核心位置"，既"尽早"又能"有力"地出击。这三个要点是否能得到实际运行，是由技巧、物理性以及心理（思想准备）共同来决定的。

那些"能够掌握要点的人"，他们不仅掌握了熟练的技巧，还能够在某件事情上坚持己见，有着强大的内心世界。那些"能够尽早付诸行动的人"，他们有着支撑工作的基础能力，能够保持合适的速度，也不会轻易受到其他无用因素的影响。而那些"能够很积极地推动工作进展的人"，他们则拥有得心应手的交涉能力和疏通的技巧，他们并没有"虽然也想说服对方，但是这样紧追不舍，会不会招人厌烦呢""最后被拒绝的话，会不会很难看呢"的纠结。

在三个要点中，无一例外地包含着"和自己战斗"的意味，它决定了我们的能力是否能够全部（full）地展现出来。如果我们只顾工作的"核心位置"，满心期待地要达到目标，在此我建议大家，要及时调整自己的判断！

56. 水平上更进一步：
制造 "工作的设计蓝图"

错误的努力 = 未曾预测事态未来走向就着手工作

工作中会出现这样一种情况：我们明明付出了很多努力，始终以最快的速度进行每一项商讨和作业，但是中途略作停顿，回顾一下过往，却发现这段时间以来，花费了相当多的时间，结果却差强人意，工作整体进展也很缓慢。还有一种情况是：明明进展得相当不错，但在某个时间点却像碰壁了一样，始终无法快速地进展下去。

无论哪一种情况出现，那都是因为事前没有正确地设计工作蓝图。

下面举个例子来加以说明。公司准备大规模引进新产品，假如你是企划宣传小组组长。

三个月后，要开始引进新产品。

首先，把营业企划、宣传、销售等有关部门组织起来开始讨论。但是各部门对新产品的印象实在是五花八门、林林总总，对初步计划中预算的额度也始终无法统一，连续举行好几次会议也没有得出理想的结果。

在这一过程中，上周运营的会议上，社长突然说了一句让大家出其不意的话。他说道："那个新产品的推广者好像是某某来着，我觉得还不错。"紧接着，营业总部部长也提出自己的质疑："如果是这样的话，广告代理商该如何下手呢？"一时间，各种信息就会铺天盖地，袭面而来："营业总部部长喜欢什么什么""以前某某的评价很差"……诸如此类。

新产品开发总部好像也提出了他们的要求："因为大宗新产品和企业备受期待的技术革新都是企业规划的重要部分，所以相关宣传也应该跟进……"就在这样忙忙碌碌的过程中，计划的第一个月悄然过去。

以上是没有正确的设计工作蓝图，更严重一点说，上述案例根本就是和没有设计蓝图一样的典型实例。

三个月后，为了使大型产品引进宣传获得成功，必须把这项工作的各项组成厘清，该怎样来调配重组都要逐一落实下来。

这样的话，一开始不做好计划，根本是行不通的。

要将新产品的基本概念、与众不同的元素说明明晰化，附上能够证明的技术数据、新产品的销售目标、经费预算，以及宣传在企划和实行中必要的外部支援及其候补名单，这份设计蓝图应该包含各方面的重要内容。

这些环节要以什么样子的顺序、怎么样才能完成呢？上述内容要怎么样组合才能完成引进的宣传呢？这些确实都是靠设计蓝图来体现的。

工作的设计蓝图决定了这项工作能够被完成到什么程度。

工作的设计蓝图一旦被设计妥当，就能够确定下一次商讨的、某个环节的负责部门，每一个问题的商讨什么时候开始、什么时候结束……这些都能落实在具体的日程表上。

这个时候，还要考虑各个环节之间的关联性，必须清晰地反映出要进行商讨的顺序，还要预算出各个商讨需要花费的时间。

当然，每次的商讨都会包含各种不确定的因素，但是这样也能明确必须在什么时候输出什么样的结果。

如果明确了项目整体的进展步骤，对各个参与部门也会具备较好的说服力。一定意义上，也会给认真执行的部门压力，督促他们按时完成。

57. 水平上更进一步：
摒弃"隐藏动机"

错误的努力＝为达到深层目的大费周章

当然了，我也不是主张说工作速度越快就一定越好。

那么，我们该怎么又快又好地完成工作呢？

方法之一，尽量让各项工作的目的简单明了化。

首先，是接收到上司的指令的情形。正确地领会清楚上司的指示虽然很重要，但在这里我想说的是，你也要准确弄清楚自己思考出来的工作目的。

例如，像"本部门这一期的营业额要达到前期的一点二倍"。这样再单纯不过的目的也只不过是表面目的中的一个而已。

"为实现销售额的最大化，最好把精力倾入到新产品的销售当中。但是，部长要求首先要顾及定型商品的销路。此时如果考虑到部长的目的的话，我们就会觉得应该把最大精力投入到定型商品的销售方面……"

"为了完成这个销售目标，和营业二科进行合作似乎更好。但是这样的话，将来我们科的客户就有可能会被营业二科挖走，我们还是要避免这种情况发生……"

　　像这样，在单纯目的的背后，会潜伏着许多像"获得某些利益，回避某些风险，不放弃得到的权力，不要丢某个人的脸，想要获得某个人的评价"之类的隐藏动机。

　　隐藏动机和"表面目的"是相对的，也是一种"背后的目的"。

　　如果想同时达到所有目的，却找不到让它们同时实现的途径，那么我们就无法快速地抵达目标。这是因为你陷入了多个事态交错的状态之中，于是难以进行高效的行动。

　　要使得工作目的单纯化，我们就要摒弃那些隐藏动机，也就是要下定决心做到这一点。

　　"这个那个，我都想做得顺风顺水。"这么想是人之常情，但是你也要考虑最重要的目的是什么。

　　还有一种可能，那就是你工作的真正目的并不是"销售业绩的最大化"，而是"得到上司较好的评价与认可"，或者是"要让自己在所在部门中长期获益"。如果是这样的话，你接下来应该做的工作就大不一样了。

　　然而，无论如何，如果你能做到把本部的今年的营业额提高一点二倍的话，那么距离你实现自己真正的目的就不远了。

　　但是，如果一直怀揣隐藏动机而采取行动的话，就有可能对接下来该向哪个方向努力稀里糊涂，对该放弃的隐藏动机犹豫不决、畏首畏尾。这样的话，你做出的成果也会大打折扣吧！

　　因此，我们要经常扪心自问："我到底在顾忌什么？"对于应该摒弃的隐藏动机，我们还是要尽可能早、尽可能多地将之悉数摒弃。

58. 水平上更进一步：
从"正确的对手"那里借鉴"正确的力量"

错误的努力 = 不帮助别人，也不向别人求助

前文也有提及，那些不依靠周围人的帮助的机构风气，将会成为做出"正确的努力"的障碍。

单纯依靠个人单独行动是做不了大规模的工作的。越要做出大的成果，越有必要灵活运用"借助外力、外援"的方式。从别人那里借用自己所没有的能力、资产、眼光、关系网、经验等，然后灵活运用。

如果从一开始就不能正确把握"what"和"from who"的话，那么就不能顺利地"借助外力、外援"。在明确了工作目的的基础上，再来明确你想要从"谁"那里借助"什么"内容。

"为了达到某个目的必需的、自己又无法补足的东西"是什么呢？如果事先不知道这一点，就算是借用了别人的力量，也不会收到好的效果。当然，还有一种情况，即使明确了目的，但是借用之物与实际需要如果相互背离的话，也是不行的。有时，虽然清楚知道需要的助力是什么，如果搞错了借用对象的话，你的行动同样也会变得毫无意义。

例如，为了能够达到上述这个目的，我们可以从"专业财务人员

那里得到有关税务的建议"。这样就解决了"what"和"from who"这两个问题。在这个时候，就有必要正确地看清楚："who"具体指的是谁呢？

简单地来想一下，询问公司总部的财务负责人A部长，或许是个不错的方法。从职位上来看，这确实应该如此，但是，A部长原本学习的是总务专业，对于要咨询的问题未必清楚。相形之下，B部长则对我们需要的税务知识有更详细的了解。这种情况，在很多时候也是存在的。这时候如果已经向A部长请教了一次，再回过头来去找B部长请教的话，总觉得会有些失礼。如果贸然地去询问B部长的话，还有可能造成不必要的麻烦……

这是十分常见的情况。当想要寻求帮助，并考虑"who"应该是谁的时候，大多数人往往会被上下级关系，或者职场潜规则束手束脚。

这种时候，"怎么做才能不惹A部长生气，并且还能顺利地向B部长请教到答案呢？"这种麻烦的事态的确会让人头痛，于是，便有不少人就以直接向A部长请教而了事了。

但是，在这里最应该被重视的问题是："正确的对象究竟是谁？"

过分在意所在机构内部的角色分工和人际关系，一旦搞错了咨询的对象，肯定无法得到让人感到满意的结果。于是，只要确定下来"who"究竟是谁，关于具体怎么来完成工作任务，我们可以与上司或者财务部熟悉情况的人士再进行商榷，这种情况下，我们还有可能获得其他的新创意。

还存在一种类型的案例，我们明明知道"what"和"from who"是什么，但是依然不能"借助外力、外援"。

理由很简单，那是因为还没有习惯去借助别人的力量。

例如，在营业部制作一个面向顾客服务的网站。上司下达了"小C，你找一家制作网站的公司吧，年轻人对这个比较懂"的命令，我们的上司之所以会这么做，或许是因为他自己还不习惯去借助别人的力量。

这个时候，最正确的做法不是突兀地命令下属，而是请宣传部、推广部，或非常了解网站相关知识的部门的员工来帮忙。从相关知识丰富的两个部门那里，在获得帮助的同时，还能得到所需信息，这样也更容易取得成果。

这乍一看貌似是面子的问题，实则不然，是习惯的问题。这种情况在职位越高的人中越是严重。有不少上司只会命令下属，但是他们却不善于利用（除下属以外）其他资源。

要习惯"借助外力、外援"，节奏张弛有度，是一个非常重要的问题。如果任何时候都不能使节奏合理灵活，不论是我们寻求帮助，还是去帮助别人，到了关键的时候还是学不会"借助外力、外援"这项技能。

然而，如果我们自己没有知识和能力的话，自然谁的忙都会帮不上。这就要求我们有意识地在知识和技巧的领域内创造一片自己擅长的领域。当别人需要帮忙的时候，我们就可以掌握好节奏、有的放矢，对别人说："没关系，让我来帮你吧！"

在我们的工作被安排得满满当当的时候，如果我们还要花费时间帮助别人处理问题，那肯定是很麻烦的事情。如果我们不能及时地帮助别人，当我们需要别人的助力的时候，自然也无法获得别人及时的帮助。

等上了岁数，要做到这一点就会变得更加困难。所以我们应该趁着年轻，尽可能地去养成在遇到困难的时候善于从别人处获得助力，或为别人提供助力的工作习惯。这一点，只有通过多做相关练习，才能带动身体内部潜藏的这种能力。

也有一些职员，因为在工作上小有成绩，在升职后会产生"我很了不起"的错觉。在这些人中，也有人陷入了"想要我帮忙，你还不够格，应该让你的上司来"这样的"官衔主义至上"的怪圈。

人们由于做出了卓越的工作成绩，在某个领域内成为权威，这种情况是司空见惯的。那些"不善于借助别人的外力工作的人，实际上也会丧失处理别人的求助的能力。"

"虽然那个人很厉害，但是他非常居功自傲，真的是高攀不起！"如果真的成了这种意义上的"权威"的话，那么即便是在某些领域成了公司里的"第一人"，也无法在以前的基础上再往前迈进一步了。

因此，我们应该意识到：但凡那些在事业上越优秀的人士，他们就越善于利用外力，也能给予别人外力上的帮助。

59. 水平上更进一步：
制造"拘泥"的部分

错误的努力＝要求所有的事项顺风顺水

能按照相同的规格、以同样的速度恒定地生产出同一品质产品的机械，可谓是能够平稳地进行运作的机械了。但是，人类能做到这一点还是远远不够的。像更为重要的工作那般，如果只是"拘泥"于追求生产效率和安稳的反复性的话，我们输出的创意的质量是很难得到提升的。当然了，我们也就很难做出"正确的努力"。正因为"正是要拘泥于这部分的工作""只有这一块我撒不开手"，我们要始终意识到这一点。在工作当中，我们要抱有"这里的工作，我绝对不能小觑""即便再忙，我也要花时间亲自来做"等这样的意识才好。

本节要谈论的"拘泥"，是因人而异的，所以也没办法拿出一个放之四海而皆准的道理来。

某位优秀的企业家，他特别重视拘泥于企业过去的数据和现状分析，在企业的起步阶段，他花费了大量的时间。即便是新的企划书已然应运而生的时候，他依然对"别人也做出类似的行为，但是始终没有成功"的理由和当下的趋势（trend）相比较，进行彻底地分析与研讨。

还有另外一位优秀的企业家，他不会让所有的创意（idea）像流星一般在自己眼前转瞬即逝（一时性），他则始终拘泥于创意的构造。"怎么做才能使这个创意在五年时间里一直被使用呢？"他会围绕这个问题不断进行探讨。

我还有一个优秀的企业家朋友，他则会拘泥于与同行业的人进行竞争。他善于把握对方企业的动向，并不断与自己的企业横向比较，从而不断思考出好的战略方案。

这里的"拘泥"，也是可多可少。但是，如果不论什么都悉数钻牛角尖，全是重点的话，拘泥的事项就没有重点了。虽然说你的工作也会取得预期的成果，但是相对而言就会浪费更多的时间，这称不上是"正确的努力"。

因为商业人士并非艺术家，如果寄希望要"十年磨一剑"，那可是力力不行的。

将拘泥的问题作为整体工作的核心，从而推进工作向前顺利开展。反过来说，如果什么"拘泥"也没有，而是一味埋头去工作，这个时候我们还是要想想自己的工作是否缺少"拘泥"的要素呢？

可以说，"拘泥"亦算是工作的一种类型。当我们的工作目标足够高远，在我们实现它的过程中，会发现其中某一个地方是事关本工作任务成败的关键点。我们在对此具体了解的情况下，一定会在"某处"发现我们所要格外重视的"拘泥"的要点。

一旦我们发现了它，不论是别人的质疑，还是我们自身的焦虑，都不能阻止我们深陷其中。

工作中，那些需要高效率完成的地方，我们一定要高效率地完成。而那些需要我们"拘泥"的花费更多心思的地方，我们也一定要花费充足的时间来处理。

60. 水平上更进一步:
以 "2·4·8·16" 法则守望未来

错误的努力 = 只夸张地重视 "当下的工作"

　　工作中，我们的聚焦点着眼于 "过去" "现在" "未来"，不同的选择下，工作的方法亦会大不相同。

　　那些过度重视 "过去" 的人，他们将过去熟练的工作方法作为 "成败的标尺"，持续使用。在需要拍板重大事项的时候，他们就会过分缜密地分析过往的数据，在自己失败过的领域如履薄冰、十分谨慎。另外，这种类型的人一旦被上司斥责，他们的情绪会瞬间变得异常低落，因此，比起同等水准的同事而言，他们在公司的升职速度，十分缓慢。他们甚至自暴自弃，自己对自己的评价也是差强人意。

　　为了避免上述情形不出现同样的错误，"虽然我做得不好，但是最终还是能改好"，也能给我们带来某种警醒和自信；"虽然的确十分惨烈，最终还是能够规避错误"，那种愈战愈勇的勇气支撑着他们继续工作。当然了，过去的 "胜败在此一举" 的法宝，在时移世易后是否仍然管用，也是未知数。更何况，植根于过往的挫败的情绪会左右我们的思考，一定程度上会对我们面对全新的工作形成挑战。

　　第二种，那些重视 "现在" 的人只是对当下的工作拼尽全力。换句话说，当下工作的一喜一忧，就成了他们工作的全部，就像是患了近视眼一样，只见局部不见整体。他们会"活在当下"，"当一天和尚撞一天钟"。他们会认为自己工作都是为了所在的部门，从不考虑自己的行为会给整个公司带来什么成果，更别论自己的成果会给使用的顾客们带来什么样子的惊喜了。

将重心全部放在"现在"的这一类人，还会有其他的弊害。他们会过分优先做当前的工作，像参加研修和研讨会之类的"有利于自我未来"的投资，他们往往是持有退避三舍的态度的。

在麦肯锡，我们经常会举办全球性质的培训项目。这个项目一般都要提前数个月甚至是一年的时间来申请报名。然而，随着培训日期的迫近，很多年轻人都会因为在所在部门的工作中无力分身，而选择临时退出。

更具体地说，"下下周部门的会议，我可绝对不能缺席""当前的工作进入瓶颈，我如果这个时候花一个星期的时间去培训，那简直是太过分了"，这么想的员工占到绝大多数。我也有过类似的经历。"我现在抽身去培训，我所在的部门也好，我的顾客也好，都会陷入困顿。"当时真是叫人为难呀！

"顾客的利益永远是第一位的（client interest first）。"这是麦肯锡著名的理念之一。正是基于将顾客的利益始终放置在首要位置，于是我牺牲了自己的培训时间，然后全身心地投入到所在部门的工程项目中去。这样看来也是没有什么问题的。但是，现在回过头来再看，自己当时的选择还是有些问题的。

理念中的"顾客"，其实它所指的并不仅仅是当下的顾客，还包含未来会出现的其他顾客。现在本应该掌握的技能，因为缺席培训没有掌握，这样势必会给未来的顾客增添困扰。现在的问题不管有多么重要，倘若没有长远的目光，对未来吝于投资，那么你自身也无法得到提高，到了未来，也势必会留下遗憾。你也无法给未来的顾客们提供高质量的服务。

只聚焦于当下的工作，当然会在正在进行的项目中做出重要贡献。但是，一直抱守残缺不肯进步，却是毫无价值的。如果每天只为公司半年一次的考核殚精竭虑，那么再过两年、三年……到时候你的损失就会更大。

如果不想"少壮不努力，老大徒伤悲"的话，那就要意识到要不断持续追求自我的成长性。

那些着眼于"未来"的人，他们十分重视自己今后的成长方向。不论是对个人而言，还是对工作而言，他们都有梦想，对未来抱有期待。

在这里，我还要补充的是，工作总会有让我们疲惫不堪的时候，一旦意识到"今年的时间真的是超级忙碌，明年还会如此"的时候，我们对于未来，就会陷入迷惘。相应地，我们的情绪也会低落，大受影响。

因此，我想说的是，只有能让"过去""现在""未来"并存，才算是"正确的努力"。很多人都能意识到"过去"和"现在"的重要性，但是对于"未来"还不能足够重视，"未来"也是我们需要重视的。

麦肯锡有一位带有传奇性色彩的咨询师，他的名字叫哈勃·海兹勒。他的头脑自然是绝顶聪明的，他不仅具备一般德国人强韧结实的体魄，也具备超乎常人的强大意志力。他经常给其他后辈员工（包括我在内）推荐"2·4·8·16"法则。

"2·4·8·16"法则，通常指的是大的顾客由两个公司来负责，然后划分为四个项目来推进，与此同时，和顾客协商讨论与之相关的八个将来的项目，随后继续拓展为十六个将来的主题进行讨论。也就是说，按照上述规律将自己的活动规划来付诸行动。

要能够承担四个项目，想达到这样的水平也是要费一番功夫的。但是考虑到未来的成长性，我们还是要提前做准备。不能止步于当前的业务水准，而要有长远的目光，不断地未雨绸缪，不断地丰富自己。

当然了，说起来容易做起来难。一个大的顾客让两家公司同时来面对，还要以四个项目的形式进行工作的推进。光是眼前的工作就会让人觉得首尾无法兼顾了，还要时刻放眼未来，的确是非常困难的。

但是，麦肯锡的哈勃·海兹勒却一直在向我们强调：尽管如此，你们一定要意识到兼顾过去、现在和未来的重要性。要做到这一点，的确是十分辛苦的，但是我们还是要尽可能地意识到学习的重要性，这样才能永葆理想的工作状态。

第五章　挖掘核心领导技能，全面激活团队能量

"笨鸟先飞"会最大化努力的效果

61. 团队的基础：
通过团队实现"生产效率"的最大化

错误的努力 = 单枪匹马地单打独斗

围绕着一个目的，要做出高效率的工作，最有效的手段之一，就是"创建一个团队（team）"。在这里，我所提到的"团队"指的是在一定的时间期限内组建成的项目团队（program team），或称作是企划小组（task force）。

举几个例子来说明。

"将新产品的导入项目划分为产品开发、销售促进、运营、宣传等多个部分，这就能组成一个企划推行团队。"

"从运营现场的观点出发，做出扩大产品竞争的阵容提案的销售人员团队。"

"提出削减本公司成本创意的本公司某部门的团队。"

"为了确立本公司长期性的规划（vision）的提案，从各个公司选拔出年青一代的预备干部团队。"

诸如以上的各种分类，在各位的公司内，肯定会有各种各样的、林林总总的情况出现吧？

在大多数情况下，一个团队的活动期限会被设置为三个月到半年，工作的对象一旦发生变化，这个团队立刻也会发生相应的改变。有的时候，还有必要重组团队。

另一方面，在一个公司当中，它所运营的大多数业务都有一定的可连续性，有的时候，一个团队有可能要承担多个工作目标或多个工作任务。

上述的业务就适合放在一个公司的主干部门：例如运营总部、销售促进部等部门，以金字塔般的形式组建并展开具体工作。

那些具备连续性特征的工作适合由这样的机构来承担，将这些业务统揽过来逐一完成。然后因地制宜地，在一个或者多个部门中，按照一个共同目标制定方案、确立方案，并推进方案。这样的情况下，就需要设置更长工作期限的团队了。

通常情况下，组建一个团队的契机大多都源自于由公司主导的"组建某个项目团队"的计划。尽管如此，很多时候，我们也没有必要等着公司来安排，而要有主动性。

如果你能主动地想到："这项工作需要四个人来一起承担。所以，我就邀请所在部门的小A、隔壁部门的小B，加上我外，还需要一个在IT方面比较了解的成员。"这个时候，你主动将合适的队员邀请到所在的团队，那么你的团队此时已经组建完毕。当然了，有时候，我们的工作部署还需要和各个部门的负责人进行事前沟通，这样做也是非常妥当的。很多时候，大家还是要因地制宜、随机应变的。

当我们的团队组建完毕，群贤毕至，我们就能获得更多的观点，我们对要完成的工作就会有更多的角度来审视和思考。十人十色，每个人都有不同的性格，每个人的个体经验、信息、工作技能、擅长的和不擅长的地方都不同。这个时候互相补充、共同提升、群策群力的话，这个团队的工作效率就会大大地获得提升。这里我也不是让大家墨守成规，按照我介绍的步骤来做，另外也需要大家多角度地对某个问题进行更充分地讨论才好。

任何一个人能力再强，也不能独自完成一个项目。三个臭皮匠赛过诸葛亮，还是团队的力量更大。

二十世纪九十年代，赶上经济全球化浪潮，A企业经理率先组建了一个符合企业特质的团队来专门应对全球化的主要运营课题。这个团队调研了世界各个地域的顶尖企业，将这些企业分门别类，找出每个企业不同的运营课题，逐一分摊赋值，在做好本公司业务的基础上，还兼顾其他企业的运营问题，提出解决方案。

A企业之所以能在世界上那么多的企业中独树一帜，那是因为该企业最优秀的团队成员们能将各个企业的最重要的课题悉数找到，在此基础上做出自己的判断。

与此同时，他们从其他有竞争关系的对手那里学到了对方的机构功能。随后，A企业全体团队成员对之进行重新思考、各抒己见，此举还激发了A企业团队成员的领导才能，A企业的独特团队可谓是一个搭配巧妙的机构组织。

在麦肯锡，有一个叫作"McKinsey 3"的思维模式。这种说法，是2000年前后被提出来的。指的是麦肯锡将为顾客提供三次方的力量，协助顾客来完全运用，取得最好的成果。

这里说到的三次方的第一层，指的是"麦肯锡团队可以给顾客委派的工作提供最直接的担当"。当然，这意味着麦肯锡比任何人都了解顾客的运营状况和经营课题。

第二层，是麦肯锡面对全球化浪潮组建的"企业行业分类机构"。如果是零售业，那就是零售业的对策；如果是汽车行业，那就是汽车行业的对策……如此分门别类地归纳，组建成了世界上独特的智库机构。"这个项目属于零售业的领域，我们可以请这方面的专家来拿出意见"，这样就可以借助别人的外力，给不同的企业提出最理想的建议，从而达到运营效果的最大化。

第三层，是"分功能小组"（group）。运营会议、人才培养、机构改革、企业改革等不同功能的团队，存在于世界的各个领域，我们同样可以将这样的经验活用在对不同产业的认识上。分行业、分功能的组织，它们亦有着纵横深浅的各种关联。

将上述三层含义综合起来，就是 McKinsey 3 模式的主旨所在，即充分发挥出各种有效功能，提供最佳的咨询和建议。这也是麦肯锡长时间以来所极力推崇的企业理念：始终要给顾客提供最好的服务。

这种机构能促使咨询师们在承担的项目中提供最好的成果，而且涉及各个行业、各个领域，成为打通各个行业间壁垒的纽带，为这些不同行业、不同功能的部门之间的密切协作做出重要的贡献。

还有，通过对这种工作方法的反复实践，积累了经验，每个咨询师和顾问的工作技巧也大大地得到了磨炼和提升。

团队共同完成工作，各种各样的力量被汇聚在一起，工作效率也会得到提高，所有成员的智慧妙想也会在工作中为团队所共有。这对于团队的所有成员来说，也是非常有必要的。

另外，对于被邀请进入团队的人而言，这也能提高他们的工作效率。

　　一个人对一个问题进行思考，往往只能获得一种认识。很多时候，当我们理亏词穷的时候，我们只能坐以待毙。在很多大的工作当中，由于一开始没有缜密的思考，以至后期的工作需要不断吸收新的成员来加入团队。当然，我们可能还需要说服其他成员，花费大量的心力。如果到这个时候还是由一个人来承担工作的话，那可真是困难万重啊。

　　尽管有这些不利因素，但是以团队的形式来推进一项工作，从一开始我们就拥有更多的思考某个问题的角度。我们还省去了随后不断邀请新的成员加入的麻烦。无须多想，还是一开始布置得当更为省时省力，而且事半功倍。

62. 团队的基础：
明确和共享"全体成员所要达到的目标"

错误的努力 = 只对自己的一亩三分地上心

项目工程，顾名思义就是在一定的期限内，瞄准某一个目标而设置的理想组织。

但是，在很多的案例中，一个团队的目标并不统一，这是不争的事实，甚至还裹挟着其他多个目的。

在金字塔型的机构中，工作的连续性非常重要。"为了达到预期的目标，首先要提升工作业绩"，哪怕是制定这样的目标，考虑到眼前的各种情况，时不时地还会出于战略性的考虑，将进展的工作中断，甚至还会让路于其他短期的暂时事务。有的工作还会包含锻炼新人的目标。

这里的情况和本节一开始提及的项目工程完全是两码事。前面也强调了在一定的时间内，为了某个特定目标而组建的机构。我认为，常规的部门和相同的工作方法在这里是起不到效果的。

虽然这种案例也会经常出现，但是如果所有成员都"只根据所在部门的需要"，将自己的观点灌输到项目中，作为一个工程项目，依然是无法发挥其最大功能的。

在一个公司中组建一个工程项目，肯定会从各个部门中选拔成员，很多成员就会抱着"不管怎么样，都不能损害我所在部门的利益"的观念。这种情况是非常常见的。

这种情形和我上一节提到的"潜藏动机"是一脉相承的。

这样一来，工程项目的目的就从起初的一个变成了多个，甚至是无数个的集合体，这样项目工程的功能自然无法得到有效发挥。

要完美地解释好"潜藏动机"这个问题，绝不是容易的事情。这就要大家基于共同的立场来重新审视工程项目的本来目标是什么。

一旦好几个目标统一在一个工程项目里的话，之前的负面影响也会一刹那被降低。

"在项目工程进展期间，让团队成员的上司和所在部门作为项目工程的一员，花大功夫集中于团队目标，让所有人都有所了解。"

"在团队内部，针对团队内部的问题进行议论和发表看法，并提供给大家指导方针（guideline）加以约束。"

"对于与项目工程的共同目标发生利益冲突的成员，无论如何都要成立打消他们顾虑的秘密机构。"

……

虽然说项目工程很多时候只有一个工作目标，但是很多时候都要将工作具体分割，委派给团队成员。

例如，游戏开发是一个工程项目的目的，既需要总设计师来运筹帷幄，也需要人来负责市场销售的各种调研。像这样两种职责截然不同的领域，需要不同领域的人来推进工作。

像管弦乐队要演奏曲目的时候，很多部分都是由不同的团队成员来承担的。

管弦乐演奏中，有的成员只关注自己演奏的部分，反复练习，而对别的环节漠不关心，那么他就无法体会整个管弦乐的音响和旋律的精妙之所在。在演奏中，由于这样的成员存在，整个团队的演奏效果自然就会大打折扣，成员中的每一个体的精神状态和精力都会受到影响。

对于这样的成员，可以推荐他去倾听一个完整的管弦乐演奏表演，这样有助于他对曲目整体的理解和了解。表演的过程也会传达给各个成员，他所承担的部分在表演中有着怎样的位置和作用。此举意义非凡。

还有一种情况，那就是在项目工程开始之前，在分配角色任务的初级阶段，提前告知团队成员"不管你的工作进展到什么程度，任何时候都要以对团队整体的贡献为重，想想自己的工作对工程目标会起到什么样的作用"，这一点有必要让所有成员了然于胸。

如果"一叶蔽目，不见太山"盲目地一味开展工作的话，"究竟是为了什么而做这些工作呢？这么做有何意义呢？"一旦成员对自己的工作产生疑问的话，很多人就会丧失目标，带着工作上的不安，根据自己的个人判断随意地工作。还有人就会抱着"上司让我做什么我就做什么"的态度。

除此之外，关于每个成员承担的工作，要让所有成员都有所了解，这也是十分有必要的。"一个人不管再怎么努力用功，方向一旦发生偏移，最终目标就无法实现。因此，这个部分我请小 A 来负责完成。"在最初的阶段，这一切最好能安排到人。

再进一步，"我和小 A、小 B 三个人一起来负责，一旦项目有了起色，销售额和销售利润也会得到提升，这就意味着某某地区的销售加速了这个工程项目的完成。"像这样整体的设计图，最好也能让全体成员有所了解。

将制作的设计蓝图讲解清楚，并得到大家的认同，这是上司的职责。但是遗憾的是，有的时候，上司无法做到这样的话，那就要求团队成员中的每一位去主动询问："我所承担的这部分，与整体工程项目的目标达成是什么关系呢？"我希望每一位都能主动去咨询。

在工作中如果只是单打独斗，缺乏对团队合作的认识，所有的工作都是不能顺利完成的。这种情况下，即便你是身在团队当中，其作用也是微乎其微的。

63. 团队的基础：
以"平板关系"来工作

错误的努力 = 团队合作呈"金字塔型"

不管在哪家公司，都会存在着很多的项目团队（program team），或是企划小组（task force）。但是，这些团队中的绝大多数通常都很难取得预期的工作成果。

其中，最大的一个原因是团队中的很多成员，作为个体都无法习惯团队中的各种活动。

如前文所述的那般，团队的工作方法与那些公司中呈"金字塔型"的机构迥异。也正因为此，首先给我们提出的要求就是设法更改心态和精神面貌（mindset）。

因为是司空见惯的问题，所以我们更应该重视。

在此，应该不限于公司设立的项目团队或企划小组。与我们工作相关的工作，我们都要积极地导入团队的相关研究与探讨。

"如果由我牵头组建团队的话，我有点像门外汉……"

"如果我和其他部门不熟悉的成员搭腔的话，总感到相形见绌。"

总之，我们时常会产生类似这样的想法。

但是，假设一下，我们被委派至市政厅，负责城市建设的工作，由于人口的过疏化，让人不得不为所在城市的未来深感担忧。当需要我们做出决策的时候，我们要克服犹豫不决和踟蹰。为了得到最好的改善办法，我们需要克服心理障碍，去采访自己不熟悉的银行职员，努力求得各个街道办事处人员的协助。这个时候也只能竭尽全力，争取最好的结果了。

　　当然，一个人再怎么努力也有个体的局限性，很多时候往往会事倍功半，甚至是好心办了坏事。我们只有利用团队，才有可能在保证质量的同时兼顾数量，从而使数量和质量都得到保障。要做出"正确的努力"，善于与人协作是非常有必要的。

　　我们要经常告诉自己："要做出好的成果，单靠一个人单枪匹马是远远不够的。"这个时候就要求我们改变自己的观念。

　　另外，在组建团队的时候，我们不能只和职场上的新人以及下属打招呼。

　　你的团队如果只汇集了比你水平低的人的话，这个时候，你很容易作为团队的领军人物挥斥方遒，经常做出各种指令和判断。这种团队其实和我本节所讲的团队还是有很大的差异的。

　　正如本节标题所示的那样，团队不应该是"金字塔型"的结构，而应该是"平板式"的结构，这应该成为组建团队的原则。

　　在团队中，让职场后辈和下属加入进来无可厚非，但是团队中一定要存在有能力的人，他能站出来就你们团队的问题与你展开对话。这一点是非常有必要的。

　　当然，团队中有了同事或者职场前辈，或者是将上司邀请进来进行对话，不论是我们提出意见还是征求对方的意见，我们多少还是有一些心理上的抗拒感的！

俗话说，道不同，则不相为谋。我们的团队中，如果有持异议的人存在的话，我们也会觉得"邀请他进来，对我们的项目有什么好处呢"……

如果真的存在这种情况的话，就需要我们重新审视，并转达给对方："你参与进来，会对我们团队做出这样的贡献""你所在的部门有这样的长项，对我们的项目非常有帮助"……这些需要我们事先和这类团队成员沟通清楚。

另外，在前文中"借助外力"的部分，我们也反复讨论过，只有我们愿意帮助别人，我们才会更容易地得到来自别人的帮助。

为了在和别人的协作中获得更好的成果，我们在正确利用别人的时候，也要做好准备为别人的项目尽我们的一己之力，构筑这样的人际关系是十分有必要的。当我们组建团队的时候，我们要意识到："所有的帮助和助力都是相互的，只有这样才能更长久。"这样的观念，我们一定不能忽略。

64. 团队的基础：
写出"规范"和"活动计划"

错误的努力 = 以"沉默的了解"推进工作

所谓规范（norm），指的是通过团队来制定"正确的努力"的规则、条例。

如果查词典，就会得到"规范 =norm"，而如果是法规（rule）这个词的话，语感稍微会有所不同。

法规，通常给我们的感觉是"这样做是不被允许的"。而规范这个词，则更接近互相遵守的道理或伦理观念。

另外，规范与团队的活动目标不是同一回事，有的部分与工作目的毫无关联。

例如"改革公司内部的 IT 系统""采取行动去改变定型商品"，这是我们常规讲的"目的"。

再比如"不要带隐藏议题（hidden agenda）进来"，"不要自己藏着掖着，要将得到的信息与团队共享"，"不要担心越级（hierarchy），要大胆地讲出自己的看法"，这些都是"规范"。比起"目的"来，"规范"更是自发形成的，具有主动性。

在开始一个新的工程项目之际，应该将所在团队的规范与成员进行互相讨论和交流。随后将之固定成"活动计划",也是不错的选择。

关于团队的"目的",可以与境界条件等因素一起作为"活动计划"并写成条文。

要对团队的"目的"与"期待的成果"进行具体确认,然后就如何来实现这个计划做出"活动规划"。

"活动规划"还应该包含工作日程和职责划分。

"作为一个团队,应该讨论什么领域的问题?""如何将工作任务分割给团队成员?""团队的会议是一周开一次还是开两次?"……有关团队活动的具体事项,从一开始就应该将能确定下来的部分全部明晰化。

规范与活动计划,这对一个团队而言是不可或缺的、重要的,也是做出"正确的努力"的规则。

无论哪一个规则,都既可以全体成员一起讨论,也可以一起决定,或者由上司提案,具体分派给其他团队成员。

最重要的是,所有的内容要明确。然后让全体成员共享并理解接受。我觉得,这样的情况下,最好还是列出条文来更为清晰。

65. 领导能力:
用"权限以外"的能力来领导团队

错误的努力 = 靠着官职来颐指气使

我在麦肯锡伦敦事务所工作的时候,服务对象遍及各个企业部门的领导。

我记得很清楚,当时还邀请了一位大学著名教授来做讲座。教授讲到了领导能力,他对这个词汇的定义,我迄今都记得。

根据教授的看法,领导能力必须具备三个要素:

第一个要素,是"能思考出新的想法,并付诸行动"。

第二个要素,是"按照自己的思考和意志来展开工作"。

第三个要素,是"将周围支持自己工作的人,悉数纳入自己的团队"。

如果只是说"照我说的这么做吧",然后自己率先开始,即便是团队中有不少人都是自己的熟人和朋友,这时候所做的事情也只不过是对以往做的事情的重复而已。其实这算不上本小节要提的"领导能力"。

即便开始做的是新的工作,但是那种领导督促一声,自己就干一阵的情况,也根本算不上我们所要讲的"领导能力"。

即便是自己思考出新的创意，也是自己率先着手，但是如果没有整个团队的配合，一切还是会一败涂地。

因此，我们成为一个团队的领导者的时候，一定要"朝着全新的工作目标，自己率先示范，还要将整个团队有效地调动起来"，我们必须意识到这一点。在职责分配方面，单纯是领导人物自己来做，其他人没有被调动起来，这称不上具备优秀的领导能力。还有一种情况，就是在群龙无首的情况下，还没有人被任命为团队的领导人物，而那些身先士卒的人，在这时候非常容易就成为这样的团队的领导。

另外，领导能力还有一个方程式，就是：lead X with Y。这里的意思是让 Y 来领导 X。X 可以是团队，也可以是单纯的个人，有的时候，还可能指其他因素。举个例子来说明，"导入新商品的计划，我希望你能成为第一承担者！"我们很可能会遇到这样的场面（situation）。不论这是课题还是规划，这都是让我们作为领导人物来承担业务。

这个时候，Y 的工作内容就是寻找一个标准，然后施展自身的领导能力。当然，具体怎么操作可能会有很多种方法，但是这个时候，如果 Y 利用自己职务高的条件，对团队成员指手画脚的话，这种情况下他是无法发挥领导能力的。

还有一种自认为"因为我是广告部部长，关于广告活动的事务，你们就必须听我的！"这么大放厥词，肯定没有任何的说服力。真正的领导不是以权压人或者自命清高，而是通过自己的学识、智慧、技术、能力、远见卓识、预见性、热情和人际关系来展开工作。只有具备这些技能的 Y，才能充分发挥领导才能，别人才会信服你，认为"这个人真的了不起"，团队需要这样的领队人物。

当你成为领导，或者你有意成为领导的话，你就要假设自己是 Y，然后想想该怎么工作。

作为领导角色的 Y，从一开始就要慢慢地不断增加自己的砝码。这也是团队所期待看到的。

首先，不管从事什么工作，一定要找到自己的特色和特长所在，贴上自己独有的标签。

在此基础上，扩展作为 Y 的深度和广度。"要把这个项目领导好，做好这一点才是重中之重。"一定要设身处地、因地制宜，做出合适的调整和改变，这样你领导能力才能变得更好。

要找到自己得心应手的工作，就要考虑自己的工作类型。想想清楚，自己是有预见性的领导呢，还是"知识型""行动力型"的领导呢？这里，最好能扩展你所擅长的领域才好。

要成为"遇水搭桥"型的领导人物，还要搞清楚所在团队的特性、工程项目的目标、领导团队的性质等诸多方面。你发现所在团队的目标意识混乱的时候，就应该用自身的"热情"来提升大家的目标意识和工作动机。这一点，对于作为领导的 Y 是非常重要的。

第二点，我们要考虑，如果只是作为领导人给部属施加压力的话，所在团队的工作能顺利开展吗？在团队中，还没有决定谁为领导的情况下，或许 Y 的领导能力能多少发挥点作用。

如果我们习惯了凭借权势来发挥领导能力的话，不管何时何地，我们都能发挥出自己的领导能力。如同在原本等级森严的机构中，不管有多少个 Y 这样的人物，他们都会自然而然地成为领导。

这种自然而然形成的领导，有时候未必是一个人，这时候就要"这个部分请她来负责，而这部分由我来承担"，只有互相负起责任来，才更有利于工作的进展。这也是最理想的领导关系。

举个例子来说，在一个足球队中，根据战况该怎样来传球，是由球队队长（game maker）来组织的，传到好球该如何抓住射门得分的大好时机，则是由边后卫（side back）来负责的，而射球得分则由前锋（striker）来主导完成。

像上述例子，如果多位领导存在于同一个团队中，为了取得最后的胜利，不论是领导别人还是被别人领导，都是为了做出最好的努力而共同奋斗。这里就没有传统团队中的论资排辈之类的弊端了。

当然，现实中依然会存在"领导者"这个社会角色和位置，一个团队中人人都具备领导能力，这才是最重要的。只有这样，这个团队才能做出最好的成绩。

66. 领导能力：
重要的事项从一开始要亲身实践

错误的努力 = 进展一半后突然事必躬亲

很多工作效率高的领导都是在工作的整个过程中"亲身实践"。也就是说，自己亲自动手，积极地从事与现场相关的工作。

即便是在一个公司，集团的高层也是如此。

我见过不少很年轻就履职高层的管理人员，或专业的企业家，他们在工作中也经常是事必躬亲，认真实践。尽管领导人物都是千人千面、各不相同，个人的行业和工作经历也大不相同，但是，他们都无一例外地能够自主拿出创意、付诸行动，并亲自开展工作。像这种"能上能下"型的领导人物，往往能在事业上取得大的成就。

优秀的创业者，他们也是自己率先示范的。

创业者在创业伊始，不得不参与到工作当中，那是没办法的事情。但是等到企业发展成为行业中的大企业，很多人就坐在皮沙发上优哉游哉了。

这与上面的领导人完全是截然相反的。后一种，他们坐着等待各种信息汇总到自己面前。这是那种典型的"眼高手低型"的领导。还有一种领导，他们的工作就是把上司分下来的工作二次分配给自己的部属，然后他们就高枕无忧了。

很多人都会根据自己的年龄和经验来想当然地进行取舍。假若你是一个年轻的部门小领导，你一定要意识到所有工作一定要按步骤次第展开，与此同时，你也要自始至终参与其中。

本节提及的亲身实践，与那种事无巨细的"自始至终彻底地进行管理"的"全权管理"是不一样的。

一些非常重要的问题点，还是需要领导人物亲自来处理的。

前文我们讨论了"前期投入工作"这个话题。如果工作一展开，立刻就陷入麻烦的状况，工作的失败就立刻一目了然了。这时候就需要领导登场，需要领导亲自参加实践，帮团队拨云见日，找到工作的路线。

工作中最重要的是要意识到：万事开头难。作为领导，一开始就要参与其中，这点尤为重要。

一个团队中最理想的状态是领导负责的是工程项目最重要的"核心部分"，工作的其他部分则拜托给擅长做这些部分的其他成员。各司其职，这才是最好的安排。

67. 讨论与会议:
将所有的会议变为"有意义的时间"

错误的努力 = 将会议举办成"画蛇添足的手续"

不论是一个团队,还是在"金字塔型"的机构内部,要很多人一起开展工作的话,各种碰头会和会议自然是不可或缺的。

碰头会和会议在一个集体共同决定一个事项的时候,就显得尤为重要。作为会议的副产品,我们亦可以趁机针对自己所承担的部分进行检验。

如果你接到这样的通知:"三日后,召开一次会议。"在会议中会有什么样的信息出现呢? 我应该整理出什么样的创意来呢?

迄今为止,将你所思考的创意都悉数整理、写在纸上,完成前期的准备工作。你有时候还会意识到:"哎呀! 我居然把这么重要的要点给忽略掉了!"

你一直拼命地做着担当的工作,是不是瞄准着既定目标,有条不紊地向前行进呢? 你这么做,会得到什么程度的工作成果呢? 通过会议,这些疑问都可以被确认。

尤其是在会议的参会者中,除本部门、所在团队以外,还有其他成员,比如说公司的管理人员、其他部门的领导等,将自己的成果展现多少，这些问题都需要进行思考。这也是考验我们面对其他部门时的智慧的时刻。

还有的时候，我们要将本来很清楚的问题向那些丝毫不了解情况的人仔细解释，让他们也做到了然于胸。这时候，就需要将自己的工作内容重新整理，将自己在会议上准备的提案的主旨和论据梳理清楚。这个时候，如果将这些问题都整理成文件，就不会出现丢三落四的情况，也能加深我们对问题的深入思考。

"由于下下个星期三有个重要的会议要举办，面对会议，发言的内容如果做不到集中的话，会议的质量就会大打折扣"。如果做好，会议将成为你参与工程项目的重要里程碑。

不论是一周一次的小型碰头会也好，还是一月一次的大型会议也好，我们都应该将它作为开展工作的新的阶段。在每个节骨眼上，我们的工作应该进展到哪里，应该怎么来进展，大家一定要按照自己的节奏来有序地展开。

有时候，举办的会议和我们的工作关系不大，这种情况也会有很多。面对这种情形，我们可能会觉得"真是麻烦透顶呀"，这时，我们要尽可能地改变自己的观念，因为会议对于其他人是有价值的。

还有一个不太有价值的、不会提高生产效率的定期例会，这是一次对大家所开展的工作做"定期检查"的机会。我们应该积极地参加，没准某些环节就会对我们的工作有裨益呢！

68. 讨论与会议：
让工作效率低的成员提高生产能力

错误的努力 = 将没有干劲的成员抛弃

会议也是团队不同成员间就同一个主题交换意见，搞清楚问题所在的重要场合。

参加会议，我们可以明确表述自己的观点，因为会场上每个人的发言和态度，从某种意义上说，也能表现出成员们各自的观点。

虽然说有的项目工程是由公司领导拍板决定的，但是项目一开始，领导并没有亲自参与其中，只是走过场读读原稿，因此团队成员们就会产生疑虑。

"咦！这是怎么回事呀？"

如果是一个进展十分缓慢的工程项目，动不动就要开全体会议，老生常谈，等时日久了，肯定就会有部分成员缺席。

"我今天突然有别的安排……"

这种现象很大程度上体现了在工程项目内部，出现了大家观念和意见不一致的问题。

"小 A 的工作效率可真是低呀！"

这种时候，把握状况是非常重要的。其次，是弄清楚"他为什么工作效率低下呢"，我们或许能找到各种各样的正当理由。

例如，他一边忙着做某件事情，另一边还有更加重要的任务要做。尽管反复地要他来帮忙，但他始终不能完成工作。如果出现了这种情况，那么其他的所有努力都是毫无价值的。

令人意外的可能还有一种情况："因为我不了解工作内容，所以我就不牵涉其中了。"这成为小A逃避责任的理由。

虽然我们能理解，对于不熟悉的事物，没有必要牵涉其中的道理，但是我们依然会得到类似"我在这方面是门外汉，即便硬拉着我参加会议，我也提不出什么有建设性的建议"等回答。这种情况在现实生活中，我也经常看到。

举个例子来说，作为一个以信息系统改革为目的的项目团队会议，"虽然加入了团队，但是对信息系统最基本的知识点都不了解"的人慢慢地就不会出席会议了。由此有的人就会经常性地缺席会议。而有的人尽管出席了会议，但是他对会议的议题根本不清楚，自始至终也不作什么发言。

于是，有的工程项目就会将那些工作动机欠佳的成员抛弃掉。但是我们忽略了一个问题，如果当初能将这些问题妥善地处理好，其实也能将之转化为有用的助力。

如果你的团队中有这样的成员的话，不妨先去询问一下队员工作效率低下的原因在哪里，这样才能帮助他做出"正确的努力"。

当我们找出症结所在，我们就有机会找到解决问题的办法。

69. 讨论与会议：
会议中必须讨论得热火朝天

错误的努力＝尽力让提案不费吹灰之力就通过评议

除了最终提案的表决外，在常规会议上，提案就是引发大家展开讨论的重要环节而已。开诚布公地对提案进行讨论，在会议结束后对提案进行提升和修改，这将大大改善努力的结果。

会议本来就是各抒己见的场合。因为参会者不是一个人，对于一个问题要达成一模一样的见解，那显然是不现实的。但是，很多人提起会议中的各种剑拔弩张的讨论，总感到心有余悸。很多人都希望会议就像以往的董事会议那样，对于一个问题的质疑稍加解释就可以对付过去。"那么，我们就全体赞同通过吧"，很多人认为这才是最好的成果。

有的提案是我们花费了大量的时间和精力，汲取了整个团队所有人智慧的结晶，希望得到与会者的赞同，很多人自然也不希望节外生枝。但是，如果一点意外都没有，就能顺利通过，那么这种会议的作用究竟在哪里？这个问题的答案却是一点也看不到。因此，笔者认为，既然决定要用会议的形式来讨论，就一定要热火朝天地有效讨论才好。

还有的时候，提案的大提纲获得了大家的认同。但是通过议论，还发现有的小地方有纰漏，还有的地方还出现了差错，如果不进行及时纠正，就会在具体执行前被忽略掉。另外，因为参会者都是与提案相关的人员，如果会议期间产生争议的话，这也有助于他们意识到项目存在的问题。即便是作为最终提案顺利通过，但是在共同讨论、互相切磋的过程中，对提案内容的印象会在参会者的脑海和意识中被加深。

可以说会议上产生的纠纷，就是给提案增加了附加值。如果大家都装好人，顺利通过提案的话，会议就只是白白地浪费了大家的时间，而会议的效果依然是零。

我做企业咨询师的最后十年时间中，在给顾客的报告会上，尤其是一些很大规模的会议上，针对提案工程项目的检验结果，如果相安无事顺利结束，我都会觉得兴味索然，觉得讨论不充分，在心头也会有疑问存在。

我经常会有这样的感受："参会成员与咨询师花费两个月才完成的提案，现在只用两个小时就能完全将提案的内容搞清楚了吗？""一下子就通过的提案，我们是否将自己的意见传达给对方了呢？"

我甚至还会有这样的忧虑："大家之所以不愿意就我的提案进行讨论，难道是因为我的提案缺乏新意吗？"

毋庸置疑，没有争议和讨论的会议是没有进步的。只有做好讨论这个环节，才能获得"正确的努力"。

不管会议上的争论再怎样胶着，也不论会议的最后能否得到满意的成果，只要我们准备展开争鸣和讨论的话，我们下一次的会议一定会带来好的结果。

70. 讨论与会议：打破砂锅问到底——
"究竟发生了什么样子的变化呢？"

错误的努力＝提案止步于"叶公好龙"，没有具体的行动

很多以解决问题为宗旨的会议上，大家侃侃而谈，讨论热烈。会议在表面上，让人感觉富有成效。但是实际上，结果与"正确的努力"毫无关系的案例也是非常之多的。

例如，上司询问我们这样一个问题："为什么最近某某地区的销售量下降，持续亮红灯呢？"很多项目团队都遇到过这类窘境。"为了重新评估某某地区的销售量"，团队进行了多方探讨，最终决定以会议的形式进行提案。

其中毫无意义的提案之一，就是将一般性的讨论改头换面做成提案。

"为了重新建立某某地区的市场，有必要提高相关部门的组织能力。"像这样的提案，乍一看一点问题也看不出来，也是理所当然的问题。但是，像这种不管什么时间、什么问题，表面上放之四海而皆准的一般性论调，并没有实质性的存在价值。

毫无意义的提案之二，就是将业内已被发现的问题，分门别类地大谈特谈。

举个例子来说，"一方面要增加新加入顾客的数量，另一方面要努力提高既有顾客的比例"。这样的提案毫无意义。会议讨论的是"为什么销售量会降低"，而这个提案却直接将问题的答案归结为"新注册用户人数过少，对既有顾客的管理不善"。

像这样的提案，不管它的说服力有多大，当别人在会议上提出来的时候，我们也会觉得，说得是没问题，但是……我们只能徒发这样的感想。在提案中，光提出问题还是不够的，还应该就问题的应对措施进行讨论：要增加新注册用户的数量，该具体怎么来做才好呢？要提升核心用户的比例，该怎么做才好呢？这才是提案最应该关注的问题。

毫无意义的提案之三，就是夸夸其谈，漫无目标。

在前文我们也再三强调，要做出"正确的努力"，一定要有清晰的工作目标，这是非常必要的。既然说要"重新评估某某地区的销售量"，那究竟要达到怎样的水准呢？是期待今年内实现销售量的 V 字形恢复呢，还是以五年为期，重新开始呢？在"重新评估"中，以销售金额为基础追求利润，大概又是什么样的程度呢？这些问题，如果在没有搞清楚的情况下就匆匆提案，是极为不妥的。

要完成优秀的提案，我认为有三个条件可以参考：

完成优秀提案的条件之一，是要付诸具体行动，也就是事实与行动相结合。

要"重新评估某某地区的销售量，给每个营业点都配备能照章办事的领导，从而提高营业部门的整体水平"，如果是做出一个这样的提案的话，我们马上就会明白，接下来最重要的行动是人事调动的问题。

我们的提案被上司"赞同",因为我们的提案很清楚地告诉所有人怎么来应对问题,用什么手段具体解决问题,这就是一个非常好的提案。对于提案的本身,它具备了一个能言之有理、行之有效的体系,通过对提案的了解,我们会知道具体该怎么办。

完成优秀提案的条件之二,是了解各种具体状况。这里指的是对与固有状况相对应的内容十分清楚。

要"重新评估某某地区的销售量,就要和当地的著名零售业连锁店 A 公司签署销售合同",如果是这样一个提案的话,其实是将当前的某某地区进行了特殊化处理。这个提案基于某某地区的具体实际,"在某某地区,小零售业的势力分布图已经发生了变化",这比起那些只针对以往固有问题的提案要具体得多,提案的结果也就更好了。

要在提案中做到有针对性,就要抓住问题的主题何在。在这里,不是将那些泛泛之谈拿来说说就完事,而是要结合"本公司"在"某某地区"的实际情况才行。

除此之外,还需要意识到"今年的问题"与"明年的问题",甚至是"下个月的问题"都会有所不同,这点我们也要注意到。

完成优秀提案的条件之三,是要能看得到"之前和之后"的问题。

所有的提案都具备"结构合理""业绩拓展""消费者增加""提升品牌效应"等要素,不论是哪个环节发生问题,都要以"正确的努力"为工作的方向。

如果在提案中看不到这些要素,那么根本算不上是一个好的提案。

所有的变化都不是一蹴而就的。

打保龄球的时候,不仅要瞄准好击打目标,还要求投球人清楚在哪里站位、以怎样的角度来投球、当球击中目标的时候它的大概位置在哪里。只有搞清楚这一系列问题之后再去投球，成功率才会大大提升。

也就是说，通过这个提案会带来什么样的变化，这与最后的努力的结果是相联系的。我们必须清楚地意识到这一点。

我们对于提案，也应该清楚"如果执行这个提案的话，到底会带来什么样的变化"。

当我们得到"会带来这样的变化"，我们还可以再进一步思考一下："这样的变化与业绩的提高之间存在什么联系呢？"这也有助于我们朝着努力的结果迈进。

如果我们得到的回复只是各种搪塞和打马虎眼，那么这说明提案的质量有待提高。

我们要敢于对别人的提案提出自己的想法。这样才有助于提高提案的精准度，我们也可以在做出提案之前自问自答，通过这种形式来判断提案是否值得推广，是否具备较好的价值。

71. 讨论与会议：
依靠"大家的力量"将讨论深入化

错误的努力 = 只在会议室表决赞成与反对

　　在团队讨论问题之际，越是年轻人越会有更多的奇思妙想，互相碰撞，擦出灵感的火花。

　　如果成员中有与本部门没有关联的"刚入职一年的新人研修小组"与"由公司高层领导所组成的讨论经营战略的团队"的话，在这种情况下，往往是前者能够做到各抒己见，讨论激烈。

　　对于很多部门领导而言，如果以配合的形式讨论具体问题、协助解决问题，他们都倍感苦恼。很多领导者都是这样的。

　　为什么会出现这样的情况呢？这是因为领导者们数十年都全权负责所有事务，他们对工作的环境十分熟悉，更擅长在领导的角度上发号施令，运筹帷幄。他们已经习惯了已有的领导模式。

　　另外，我也目睹过很多会议上就一个问题让大家表决"赞成还是反对"的极端情况。

　　"你承认这个问题，还是否认？"

　　"这部分尚可，这部分需要重做……"

　　如果是这样的话，那么讨论的提案就缺乏多样性。

以一个提案作为会议的中心议题，是为了找到更好的创意。出现上述情况，这或许是他们还没有适应这种新的做法吧？

尤其是，那些捏着强权的领导，不管什么事情，他都要亲自指手画脚、拍板决定，这样的领导更具备这种倾向。这样的会议实质上就成了有决定权的人夸夸其谈的会议，对于别人的意见总认为"不！你的说法是不行的"，而且随时将自己的意见拿出来。如果这样，还要激发大家热烈地讨论，从而推进提案的话，那显然是十分困难的。在现实生活中，存在着太多这样没有议论环节的会议。

要让会议的讨论对创意具备提升效果，诀窍之一是要用好那些好的协助者（facilitator）。

协助者会根据目的促进有益的讨论，同时对大家的意见进行有效的融合和汇总，对会议的结果具有较好的导向作用。协助者水平的高低，在很大程度上会决定会议质量的高低。

那些好的协助者，当有人拿着别人的观点絮絮叨叨地大谈特谈时，他们就会及时地加以阻断。

另外，他们还会在会议的过程中去粗取精，摒弃那些毫无关系的讨论，支持对创意有益的讨论，甚至还能根据大家讨论中的线索引导出全新的创意来。

对于那些有着好的见解，却苦于表达不出来的成员，协助者就会恰到好处地进行总结"他的意思是这样的……"，并对讲话人的意见进行归纳和扩展。优秀的协助者往往能从各处挖掘有效的信息和线索，并进行有效的利用。

在这里我要强调一下，主持人和协助者是两个不同的角色。就像节目主持人和新闻评论员的关系一样，这么说大家应该能理解我的意思了吧！

主持人就是见缝插针，将会议环节串联起来，使会议不停滞。

另一方面，那些优秀的新闻评论员，他们会从解说者和评论员（commentator）那里引出精妙的观点。为了深入挖掘核心要点，他们会提出简短的疑问，当议论跑题的时候，则会尽快对讨论进行阻止和总结。这个时候，他们甚至起到了制片人和导演的作用。

但是，在大多数情况下，人们在挑选会议主持人的时候，并没有意识到主持人也应该具备协助者的特质和功能。

于是，自然而然地，很多领导就成为名正言顺的会议主持人。

他们会说出"这样会变成什么情况呢""也就是这样的结果"，时不时发表自己的观点，回击他人的意见，这样将会议上讨论的气氛全部给打消掉。

当然了，这种会议根本谈不上有效性，更别提汇总其他人的创意了。作为协助者，还是应该将自己的意见保留起来，要善于倾听所有人的意见。

作为协助者也应该意识到，自己的意见也需要得到补充和完善。如果实在需要推广自己的创意，就可以与其他协助者进行讨论。

还有一种情况，那就是年轻的成员担任协助者的时候，有的上司就会质问："你能担当起此重任吗？"如果出现这种情况的话，那么除了公司领导之外，其他职务的人就很难将协助者的工作做好了。

作为协助者，要将议论推进得有声有色，要明确自己作为协助者的角色定位，这是十分必要的。

另外，由于协助者也会有擅长的、不擅长的条件限制，由于不了解某些情况，也会导致议题的推进困难，在特定的情况下，可以委托其他部门的人同时来担任协助者的角色。这也是一个借助外力，为我所用的案例。

对会议的设计，如果没有机会发表意见的话，我们也可以在尽可能的范围内，将自己所思考到的创意和总结整理好提交给会议的协助者，这也是一种贡献。

"虽然小 A 的意见和我的意见迥然相异，但在这点上，我们的意见是共通的。"在自己的想法和别人的想法之间构筑桥梁（bridge）。即便自己不是发言者，但是我们可以努力"在别人的意见和自己的意见之间寻求联系"，这样也会有助于创意的发现。

要在大的会议上完全做到这些，的确十分困难。我们也可以在团队碰头会的场合，将自己的观点拿出来与大家进行讨论。

72. 讨论与会议：
即便会出现错误，也要发出"属于自己的声音"

错误的努力＝担心出差错而人云亦云

我们也应该明白"会上不发言，这跟没有来出席会议"是一样的。

坐在桌前一言不发，对于会议的讨论可谓是毫无贡献，在会议上花费的时间一点价值也没有。

如果是这样，还不如利用这些时间去做些其他有价值的工作呢！

另一方面，也有人在会议上认为什么都是对的，讨论什么赞成什么。这种认识也同样是错误的。

在会议发言中，存在着"正确的"和"不正确的"、"独特的"和"毫无特征的"的发言。

当然了，最有价值的发言是"正确的"和"独特的"。

那么，其次重要的会议是什么呢？

你是不是会认为，应该是"正确的而不独特的发言"吧？

我的答案可能与你不同，我认为其次重要的是那些即便是"不正确的"，但是仍然"独特的""独树一帜的"发言。

会议上的发言不管多么正确，如果只是人云亦云的话，那么对于讨论没有什么附加价值可言。

另一方面，那些"不正确的"，但仍然是"独特的""独树一帜的"

发言，或许能给议题提供其他角度上的思考和启发。"这么来想，的确是有道理的"，有的时候甚至有可能催生出正确的创意来！

再或者"居然还有这样独特的思考角度呀！我们可以从这个角度上继续深入探讨一下"。这样，有可能转换迄今为止的思考角度，或者发现刚才讨论中被忽略或者搞错了的思考。

不擅发言的人会心想，"我可不想说那些可笑的话题""一旦说错了，我就会被大家嘲笑"，估计很多人都会有这样的后顾之忧吧！只要足够独特和独树一帜，你的讨论就是有价值的。

设想一下，我们计划举办一个自带食材的聚餐会。

大家要一起做一个什锦火锅，每个参与者都要购买一种材料。这个时候，聚会组织人只要拿出锅和汤汁，其余的材料就都可以往锅里放了。

有钱的人就会买肉。有的人家附近有老品牌的豆腐店，他可能会就近购买豆腐吧！这个时候，如果有人带来西红柿，我们就会觉得很奇特吧？但是将西红柿也放入锅里，意外地，我们或许会品尝到"西红柿风味的什锦火锅"呢！

做什锦火锅，那芹菜自然也是有违和感的，显得与其他人的食材格格不入。或许有人会告诉你"你没有搞错吗"，你也会考虑"为什么什锦火锅不能放芹菜呢"，这样也许有助于你认识什锦火锅不能放芹菜的原因呢！或者是因为芹菜的味道太过刺激，但是也不要过于介意。你这么做虽然味道差强人意，和那些拿来豆腐的人相比，也同样具有价值。

会议的情形也是一样的。每个人都会带来不同的材料，虽然不是所有材料都能用得上，但是那些令人耳目一新的材料却无意间也是具备价值的。

另外，在会议上没有必要对所有人的发言逐一驳斥。有的时候我们也可以沉默、颔首，"原来是这样啊！"这种情况也是可以的。

对于正确的提案一味追随"您说得对""我也是这么想的"，重复着这样的话语，纯粹是"正确的废话"。

如果与别人所言一致，我们就没必要重复一遍。在会议上说无用的话，只会浪费大家的宝贵时间而已。

不管是多么重要的发言，就和上述案例中的豆腐一样，没有必要出现第二份、第三份……

即便是在会议上出现了很多反驳自己观点的异议，我们也没必要逐一反驳回去。

很多人都希望不伤颜面地通过自己的提议，还有的时候，对于自己的意见非常之喜爱，甚至喜爱到不允许别人质疑的程度。一旦被否定，他们就会觉得自己整个人都被否定了。这种情况如果出现在讨论提案的会议上，那真是令人担忧。就像记者会的时候当众淋浴给大家看一样，很多人就会紧张得不得了。

这个时候我们就要做出判断，对方的质疑是否会对大局产生影响？"如果只是那些不重要的小问题，我们大可置之不理"，因为这样的疑问不伤大雅，也无关紧要，我们只要在重要的问题上做好文章就可以了。

举个例子来说吧。作为你的提案的论据之一，定量分析数据被"鸡蛋里挑骨头"，只要不会出现导致结论发生变化的错误数值，或者分析本身具有一定的精密度，即便遭到质疑，我们也大可以谦虚地接受对方的指责。

还有一种情况，就是反对你的观点的人误解了你的相关信息。只要这样的信息不会改变你的结论，正面的唇枪舌剑则会将会议导向荒谬的方向。

这个时候，特别容易出现感情用事的危险，本来是一些小小的问题，很可能会导致大家对整体问题的重新思考、再度提案，最后会让会议无疾而终。

73. 讨论与会议：
将"结论"清楚地体现出来

错误的努力＝将结论掩藏起来，不与大家共享

即便是会议的目标明确，开放活泼，讨论也行之有效，但是如果最好的结论语焉不详的话，也算不上是好的会议。那样，花费在前期准备和会议过程中的所有精力都不会产生相应的价值。

当然，例如在"这是非常了不起的提案"的情况下，则要另当别论。当会议产生纷争时，会议在结论不甚明了的状态下仓促收场的情形也非常之多。因此，就要求我们在会议开始之前搞清楚什么是会议要决定的问题，什么不属于本次会议要决定的内容。

本来会议的结论呼之欲出，但是又因为各种原因以非常含混的结果收场，这种情况也很常见。"都怪那个人偏要唱反调！"我们会这么认为。还有的人自以为是，非要坚持自己的观点。由于参会者而引起相反的结果，这种情况也是会出现的。

对于会议的结论，如果不整理清楚的话，提案者如果要重新准备第二次提案，很可能会导致第二次提案也无疾而终，得不到应有的结果。下一次会议，大家都会疑虑："又是 A 和 B 之间的提案讨论吗？他们上次的争论还没完？""突然要换话题讨论 C 和 D 了吗？我还以

为 A 和 B 之间的讨论还没结束呢！"

如果会议的结论含混不清，这就意味着要不断地重新开始。大家都"无法用时间做最重要的事项"和"为了同一个问题反复开会讨论"，结果呢，参会人员每次都心急如焚，不知道该如何是好。最终依然是迟迟不决，距离具体的执行也将是遥遥无期。即便是以最快的速度从事高效率的工作，含混不清的结论依然会把问题带跑偏。

领导也好，协助者也好，虽然有的时候他们心知肚明，但是还是应该让与会者对会议的最终结论都有所了解。

"在提案中，我对 A 和 B 都表示认可，但是还是期待把 C、D、E、F 也都拿来重新讨论才好吧！""C 和 F 应该重新搜查资料，有必要从这个角度来重新思考一下"或者简明扼要地将问题点罗列出来。

任何人都无法替我们代劳，这一切的具体实施只能由我们自己来完成。至少在会议的结尾，我们也应该表达一下自己的看法。"今天的提案中，这里和那里都没问题，但是 A 和 B 还是有必要重新进行深度挖掘才好。"我们可以这样确认一下自己的观点。

也有人更愿意在会议结束后，找单个与会者进行当面确认。但是我还是认为人多的时候一起开诚布公地讨论，才能达成意见上的一致（consensus）。我们何必要等到会议后单独交流，索性就在会议上当面提出来。

74. 讨论与会议：
在会议记录上制定"接下来的行动"

错误的努力 = 以老调重弹的形式做记录

　　会议记录，是为了避免做出"错误的努力"而在会议上经常被采用的一种方式。

　　你所在的公司，是不是也专门有人来写会议记录呢？

　　会议记录并不是要将会议的所有语言原封不动地记录下来，像谁说了什么话，是没有必要全部记录在案的。会议记录如果要将所有人的发言都记下来的话，既花费时间，又容易导致"错误的努力"。

　　然而，很多企业的会议记录仍然停留在事无巨细地全部记录的程度，写好的记录对于大部分人而言也是多此一举，根本就没有人过目。即便是全部浏览一遍，但是因为事无巨细，看完了之后，根本抓不住哪里是核心要点，读者脑子是一团糨糊。

　　会议记录的记录人往往是公司或者部门的年轻人。对于年轻人而言，他们也觉得这是一件"实在是麻烦的讨厌的事情"。为了制作"精致美观的会议记录"，很多年轻人花费了很大的精力和体力，最后却是徒劳无益的。

　　写会议记录是对会议期间决定的事项重新确认，同时也应该成为计划"接下来的行动"的依据。

写会议记录的时候，要洞察与会所有人的意见，要将重要发言的精髓有效地提炼出来，并予以记录。

当然，会议记录中最重要的是，哪些事项得到了确认，而哪些事项未能得到确认。这些问题需要非常明确地被记录在案，一看就能明白。另外，如果有某一个问题还有重新探讨的必要，就需要明确记录在案。"接下来该在哪些方面付诸行动？"当然，会议期间还可能衍生出其他的课题，这些都要明确地记录下来。如果你还认为哪里的讨论与会议主题貌似无关，却能带来某种启发，甚至是严重的批评，都应该悉数记录在案。

抓住要点，制作会议记录，需要一定技巧性的训练。不论是记录多么明确的事项和课题，对于参会人士的意见与讨论的核心要点，在会议记录中也有必要进行解释和说明。这对于记录人员的洞察力和理解能力也提出了一定的要求。在这里，记录人员不能原封不动地对会议上的发言进行记录和还原，而是要简明扼要地进行归纳和总结，也可以以批注的形式来标注发言者的本意，"他的本意并非如此""他的真实意图并非如此"……

然而，制作简明扼要的会议记录时，也要为下一次会议的相关问题的行动做好预案，这也有助于做出"正确的努力"。

年轻的记录人无论如何都会过度在意上司和公司前辈们的看法。而决定会议记录内容的往往是身处要职的上司和公司前辈。即便会议记录是由年轻人来执行记录，但一旦出现问题，第一责任人还是公司的领导人物。

75. 讨论与会议：
不断寻求"变化"

错误的努力 = 什么变化也没有

商务工作中议论的结论，必须和"接下来的行动"联系在一起。

也就是要具体到各个层面。

"具体做什么？""做什么方面的改变？"只要这些问题得不到确认，就谈不上做了"讨论"。

如果讨论进行了很长时间，但是任何变化都没有带来，那么这样的讨论就只是单纯的扯闲篇。

为什么我会这么说呢？

举个例子来说，销售促进的方针没有做好，于是决定举办一次会议来讨论。其中作为最大的课题的是，"没有站在顾客的角度上，来换位思考问题"。

在这个时候，讨论的结论是"要更多地站在顾客的立场上，来换位思考"，如果单单得出这样的结论，就是无效的讨论。结论应该是站在顾客的角度上，来换位思考具体应该怎么做，最后必须拿出切实的解决对策来。

"那么下周的会议，我们就邀请顾客也来参加，一起来听听顾客们对我们公司的销售促进方针的看法……"

"下周公司内部的会议临时取消，让各部门亲自去听听顾客们的心声……"

"从下周开始，我们将公司的公告牌分两部分来使用。以每个部门的销售创意为主题，右边就'我们的诉求是什么'这个问题记录下意见。左边则以'顾客应该能理解某某这个问题吧'记录下自己的预期目标。这样反复对左右进行对照，从而不断检讨自己的创意。"

最后以"带来什么样的变化"为主要内容，做出结论。

在这里，我再举一个例子，以"感受到团队的整体感"为主题进行研讨，如果想要得出"要更多地共享信息"的结论的话，那讨论就毫无价值。

"增加团队会议的数量，每次都花十五分钟左右的时间来共享信息。""让仅供领导看的资料，让大家速览一遍……"我们的结论对策需要建立在我们力所能及的范围内才好。

只有记录下这样的会议记录，大家才能迅速地予以执行，在实际工作中才能带来新的变化。

只有到这个时候进行讨论，才能真正地和"正确的努力"联系起来。

就这样，一步步踏踏实实地展开，不论是对于个人还是集体，我们的目标都会距离我们越来越近。

结　尾

　　可能生来爱偷懒的缘故吧，我深为其苦。我还是小学生的时候，只要不引起家长暴怒，我都会尽量在完成作业上投机取巧。有的时候，老师布置的作业必须完成，我会以迅雷不及掩耳之势立刻完成。到了初中、高中时代，每当我答完试卷，我就将已经做完的试卷重新检查一遍。

　　在学校毕业后走上社会之前，我养成爱面子的这种习惯，却无意中帮了我大忙。我的工作则变得有条不紊，但是，做事不厌其烦的性格还是没有改变。

　　我最初就职的企业是富士胶片，记得当时我负责该企业海外企业的采购项目，随后的二十五年，我将自己的工作履历贡献给了新东家麦肯锡。在麦肯锡的二十五年中，我每天都在项目网络中度过。其中的每一个项目，在规定的固定期限内都会有事无巨细且数量很多的工作内容。

一眨眼三十年过去了，我一直坚持追求工作的生产效率，之所以这样，或许是周围大环境的影响，使我形成了这种独特的性格吧！

企业咨询师需要在很多行业中展开工作。咨询师的办公室里每天人流熙熙攘攘，这是每日的常态，有时候还得参加所在企业的大量会议。

无意识中，我会对不同企业进行比较，同样一个创意在有的企业会所向披靡，但是可能在另一家企业就毫无用处。这样的案例真是太多太多了。

哪怕是同样一个情况，当我们做出决定采取同样的策略的时候，我们亦会感到不同企业的速效是千差万别的。这些在生产效率和有效性上是很明显的。另一方面，一个公司也不可能在所有的业务上都顺风顺水、万事迅疾。

工作中，我有很多机会能接触到企业家的思考方式和工作方式。但凡是那些能做出骄人的工作成绩的企业家，他们不仅才能卓越、经验丰富，他们的思考方式和工作方式也让我学到了很多知识。

在这期间，我的儿子也逐渐长大。作为父亲，有的时候我责备他；有的时候我对他动之以情、晓之以理；还有的时候，我给他各种建议。"你一定要努力喔！""你每天都不能懈怠喔！"我几乎天天重复着这样的话。随后，我好好审视了生性怕麻烦的自我，其实作为一个父亲，我也是一路上跌跌撞撞地努力来着……但是不管怎样，我还是希望自己能通过自身的不断努力，获取工作上更大的成果。

我坚信：世界上存在着一种叫作"正确的努力"的事物。我们应该坚定地去追寻它，去探求它的精髓，去寻觅实现"正确的努力"的方法。基于以上缘由，我就想自己怎么样才能将这些问题悉数总结出来，给大家的工作提供启发。

本书围绕着工作中"正确的努力"次第展开，从心理上、物理上的配合方法开始，然后结合我从接触过的众多企业负责人那里所学到的经验，分别对思考方法、时间管理方法、行动方法、提升团队合力的方法、领导能力、会议讨论法等方面进行讨论，总结了七十五个专题，期待能给大家不同行业的工作带来裨益。

这些技巧都旨在有限的时间内，掌握好的时机，从而催生出更好的工作效果。另外，笔者也希望本书能在工作以外的领域给大家带来各种启发和思考，帮助读者朋友们取得更大的成果和自身的成长。

要做出"正确的努力"，我们不能被工作和时间追着跑，我们是自己每一天的设计师，要自主地决定每一天的日程。我希望本书能启发诸位合理充实地利用好每一天的时间。

最后，我要感谢给予本书出版以巨大助力的钻石社三浦岳先生、编辑设计师青木由美子女士，请接受我由衷的感谢！

山梨广一